NATASCHA N. HOEFER

Dazwischen

SPURBUCHVERLAG

NATASCHA N. HOEFER

Dazwischen

LEBEN MIT ZWEI KULTUREN

SPURBUCHVERLAG

Bibliografische Information der Deutschen Nationalbibliothek

Die Deutsche Nationalbibliothek verzeichnet diese Publikation in der Deutschen Nationalbibliografle; detaillierte bibliografische Daten sind im Internet über http://dnb.d-nb.de abrufbar

1. Auflage, Juni 2024

info@spurbuch.de, www.spurbuch.de

Ausführung: pth-mediaberatung GmbH, Würzburg
Titelbild: Hans Binn „Haus zwischen den Felsen“

ISBN 978-3-88778-090-6

Für Josiane

Für Ingolf

Inhaltsverzeichnis

Wie ist es, Deutsche und Französin zu sein – pardon, Deutsche und Bretonin? Das Folgende ist meine Antwort.

Prolog oder Heimat im Anderen

Die vielleicht größte Liebe meines Lebens ist eine platonische Liebe gewesen. Es war eine Liebe, wie man nicht meint, dass es sie wirklich geben könnte. Sie beruhte auf einer Übereinstimmung der Denk- und Fühlweisen, die überaus erstaunlich war, denn nichts in unseren Herkünften vermochte dieses, was man romantisch eine „Seelenverwandtschaft" nennen müsste, zu erklären – dieser Mensch war nicht einmal zu einem Viertel, Achtel oder gar Sechzehntel Franzose, geschweige denn Bretone! Und doch. Und doch verstanden wir uns mit einer Vertrautheit, die immer wieder aufs Neue verblüffend war, und bezaubernd, beglückend. Freilich, wie eine Bekannte von mir einmal zu „echten" Affären (keine platonischen Verbundenheiten) erklärt hatte: „Der Vorteil ist der, dass man ihnen die Unterhosen nicht waschen muss. Das tun die Ehefrauen." Was sie meinte: Kein prosaisches Alltagsleben konnte ihre echte Affäre stören, die Leidenschaft mindern. Und ja, auch meine platonische Liebe war von prosaischen Alltagsdingen unbeschadet. Und doch war diese Liebe eine so besondere – wenn auch unmögliche –, dass ich denke, sogar der Alltag hätte sie nicht zerstören können.

Einmal war ich in der Bretagne, es war Sommer. Ich hatte von einem großen Unglück erfahren, das ihm, dem Menschen, den ich liebte, widerfahren war. Es war damals noch schwer, mit dem Handy im Finistère, buchstäblich am finis terra, dem Ende der Welt, Empfang zu finden. Im Haus, im Dorf war förmlich Funkstille. Es war auf einem Spaziergang durch die Natur, dass ich, auf einer Anhöhe, bei ihm anrufen konnte. Seltsam, die Verbindung war an dieser einen Stelle, von der ich mich nicht fortbewegen durfte, so gut, dass wir unsere Stimmen ganz klar und deutlich hörten. „Du klingst so nah", sagte er. Und es war das Gefühl dieser großen, dieser überwältigenden Nähe, dass ihm in diesem schwierigen Moment etwas Halt und Trost gab. So war es zwischen uns immer. Räumlich die Ferne; aber innerlich ganz nah. Und jedes Mal, ja noch immer, wenn ich seine Stimme höre, fühle ich mich ein bisschen wie eine Rückkehrende nachhaus'.

Man versucht nämlich immer, ein Zuhause im Anderen zu finden, wenn man schwimmend zwischen zwei Heimaten lebt.

I.

Einstimmung oder Schwimmen ohne Fuß

Meine bretonische Freundin Sylvie zeigte mir eines Tages ein Video auf Youtube. Der Film handelte von der vom Leben im Mutterleib herrührenden Sehnsucht ganz kleiner Babys nach dem Wasser und von ihrer erstaunlichen Fähigkeit, in tiefere Wasserbecken eingetaucht, nicht zu ertrinken, sondern sich nach dem Auftauchen schwimmend fortzubewegen. Die schwimmenden Babys ähnelten in ihren Bewegungen kleinen Hunden oder Seehunden.

Wohl alle Babys baden gern, und in den meisten Kinder-Fotoalben, oder in neuerer Zeit auch in digitalen Formaten, finden sich diese niedlichen Baby-Badebilder, die die Baby-Badelust bleibend für Familie und Freunde bezeugen. Auch von mir gibt es solche Bilder in meinem rosafarbenen Kinderbilderalbum. Doch seltsam, der frühesten Existenz auf Erden entwachsen, sollte ich eine Angst vor dem Untertauchen entwickeln. Im Kindergartenalter überwand ich sie, einen Nachmittag lang. Es war im Schwimmbad; dort war ich mit meiner deutschen Freundin Silke und ihrer Familie. Ich trug meine orangefarbenen Schwimmflügel, die ich sonst nur am Meer anlegte. Silke und ihre große Schwester hatten so ähnliche an, und die beiden führten mir ein mutiges Spiel vor: Sie sprangen einfach so vom Beckenrand in das Wasser – wo sie „kein Fuß“ hatten! Mit „kein Fuß“ meinten wir damals, keinen Boden mehr unter den Füßen. Doch das hielt die beiden nicht ab. Sie sprangen hinein, tauchten so richtig mit dem Kopf unter – ehe die famosen Schwimmflügel sie an die Oberfläche hochzogen. Erst traute ich mich nicht. Doch dann tat ich es irgendwann, klopfenden Herzens; und es funktionierte:

Ich schlug in das Wasser ein, es schwappte über mir zusammen, während ich die Luft anhielt und die Augen fest schloss – dann dieses andere Gefühl, der Zug nach oben, das Auftauchen mit nassem Haar in die kühle Luft, und da war ich wieder! Das war ein Nachmittag der Euphorie.

Lag es an meinem Schwimmunterricht, dass ich die Angst vor dem Untertauchen nicht für immer verlor? Den Schwimmunterricht gab mir mein Vater. Er legte seine Hand unter meinen Bauch, während ich, wie er es mir gezeigt hatte, versuchte, flach auf dem Wasser liegend die Arme nach vorne zu stoßen, dann halbkreisförmig nach hinten zu führen und dabei mit den Füßen zu strampeln. (Für den Anfang genüge das Strampeln, erklärte mein Vater; später gebe es für die Beine und Füße eine bessere, aber schwierigere Bewegung). Zunächst trug ich meine orangen Schwimmflügel beim Üben, und es war aufregend und machte Spaß. Dann meinte mein Vater, ich sei soweit und könne die Schwimmflügel ausziehen. Er war ja dabei und seine Hand unter meinem Bauch stützte mich; natürlich ließ ich mir hoch und heilig versprechen, dass er die Hand nicht zurückziehen würde, und dann übten wir so, ohne Schwimmflügel. Aber unsicher fühlte ich mich dabei schon; denn da, wo wir übten, hatte ich kein Fuß.

Doch mein Vater war ja da, mit seiner haltenden Hand.

Bis er sie fortzog.

Noch Jahre später, wenn wir auf dieses Thema zurückkamen, erinnerte mein Vater sich und mich daran, wie ich ununterbrochen schreiend allein, ohne Hand, zum nächsten Beckenrand geschwommen war. Da mir dieses gelungen war und ich fortan schwimmen konnte, hielt mein Vater seine Methode für gut. Ich weiß nicht...

Seltsamerweise schwamm ich danach dennoch gerne. Ich lernte auch das mit den richtigen Fußbewegungen. Diese erste, väterlich beigebrachte Brustschwimmtechnik behielt ich dann mein Leben lang bei. Den Kopf stets über dem Wasser. Denn mit dem Kopf untertauchen, wie man es beim Sportschwimmen müsste, war nichts für mich. Das war weniger eine Frage der Angst als der des Verlangens danach, meine Umgebung zu sehen. Auch heute noch schaue ich gerne um mich, beim Schwimmen. Natürlich insbesondere beim Schwimmen im Meer.

Das Meer. Das war in meiner Kindheit manchmal das warme Mittelmeer, aber ganz regelmäßig war es der Atlantik. Der war kälter, aber das störte uns Kinder nicht. Mein Bruder und ich, und später auch meine Schwester blieben oft so lange im Wasser, dass unsere Lippen vor Kälte blau wurden und unsere Eltern uns gnadenlos befehlen mussten herauszukommen, um uns aufzuwärmen. Am Strand wickelten wir uns in große Strandtücher, die sonnendurchwärmt waren und uns schützten, gab es Wind. Dann waren wir schon wieder drinnen, in den Wellen, mit denen wir spielten, von denen wir uns überspülen oder tragen ließen, in denen wir an glücklichen Tagen Algen fanden, um uns damit zu bewerfen, oder, noch besser, jene braunen Algen mit kichererbsengroßen Hohlräumen darin, die ploppten, wenn man sie zerdrückte.

Vom Meer konnten wir nie genug kriegen. Keiner von uns, in unserer Familie. Doch die Erwachsenen unterschieden sich. Während meine Mutter etwas Angst davor hatte, kein Fuß mehr zu haben, und deshalb dicht am Strand entlangschwamm oder nicht so viel anders als wir in den Wellen spielte, pflegte mein Vater, mindestens zweimal pro Strandbesuch seine „tausend Stöße" zu schwimmen. Er zählte nämlich mit. Dabei entfernte er sich viel weiter vom Strand, als es meiner Mutter lieb war, die während seines Ausschwimmens stets Ausschau nach seinem Kopf über dem Wasser hielt. Mein Vater mochte auch nicht das Sportschwimmer-Untertauchen; er sah lieber, wohin er schwamm, und zwar durch seine Brille. Anders mein Papy, mein bretonischer Großvater. Waren er und meine Mamie mit uns am Meer, plantschte meine Großmutter ähnlich im Wasser wie meine Mutter, vielleicht noch weniger mutig. Mein Papy aber schwamm wie ein Fisch. Er machte das mit dem Untertauchen und dem Kraulen und alles. Dann war er erst einmal weg. Ob er seine Schwimmzüge zählte? Ich habe ihn niemals danach gefragt.

Ich selbst fühlte mich im Meer auch ziemlich fischähnlich. (Auch wenn mein Kopf über Wasser blieb.) Denn ich fühlte mich sicher, vom Meer getragen. Mein Vater erklärte einmal, dass das am Salzgehalt liege. Das verstand ich, aber letztlich war mir die Theorie egal: Das Gefühl des Getragenwerdens war alles! Man musste es nicht erklären. So verlor ich auch mehr und mehr die Angst davor, ohne Fuß zu schwimmen. Es war ohnehin kaum abzuschätzen, wo die Schwelle zwischen Noch-Fuß und Nicht-mehr-Fuß lag. Je älter ich wurde, desto weiter wagte ich mich hinaus. Zunächst noch in Begleitung meines Vaters. Dann später, als Teenager, liebte ich es, alleine hinauszuschwimmen. Von meinem Vater hatte ich es gelernt, mich an Bojen oder anderen markanten Punkten zu orientieren, um trotz möglicher Strömungen den gewünschten Kurs nicht zu verlieren. Daran hielt ich mich. Ich war gut durchtrainiert und voll von der der Jugend eigenen Gewissheit, unbesiegbar, ja unsterblich zu sein, gleichsam. Ich schwamm also hinaus. Dorthin, wo kein anderer Mensch mehr war, und wo Felsen, wenn es sie gab, längst unter mir unsichtbar waren, in der Tiefe. Hier gab es nur mich, meine gleichmäßigen, kräftigen Schwimmzüge, das Gefühl des Vorangleitens mehr, als dass ich es gesehen hätte – eine Alge im Ozean sieht nicht, in welche Richtung sie wie schnell treibt; es gab mich, meinen Körper, auf den ich vertraute, und das Meer, das mir wohl manchmal, wenn ein Schatten seine Oberfläche verdunkelte, ein wenig unheimlich tief war; doch es trug mich, wie ich wusste, aus Erfahrung und wegen des Salzgehalts. Ich schwamm hinaus, bis ich mich frieren fühlte; das war eigentlich zu spät zum Umkehren, denn der Weg zurück war stets weit; kam ich am Strand an, war ich dermaßen erschöpft und ausgekühlt, dass ich mich bäuchlings auf mein Strandtuch legte und die manchmal tauben Finger im heißen Sand vergrub.

Meine Mutter hasste es, wenn ich es tat. Wenn sie meinen Kopf, den ich stets über Wasser hielt, in der Ferne aus den Augen verlor und dann lange auf das Wiederauftauchen warten musste. Doch niemand hätte mich davon abhalten können, so ohne Fuß zu schwimmen, im glitzernden, kalten, mich tragenden Wasser so ganz wie zuhaus'.

Zwischen zwei Kulturen

Meine ist die Geschichte eines Menschen, der zwei Heimaten hat – oder keine. Der in zwei Kulturen aufgewachsen ist – oder zwischen. Der zwei Sprachen hat, oder beim Denken manchmal eine, in der sich die Worte und Ausdrucksweisen und darüber die Denkweisen vermischen, auf eine Art, die nur diejenigen verstehen könnten, denen es ähnlich ginge – also wenige, sehr wenige, letztlich am ehesten meine Eltern und meine Geschwister, die alte Kernfamilie mit ihrer selbst ausgebildeten deutsch-bretonischen Familienkultur.

Vor vielen Jahren begegnete ich einem Menschen, der auch einen deutsch-französischen Hintergrund hatte. Als ich sagte, ich sei halbe Französin, verbesserte er mich: „Du bist keine Hälfte; du bist beides, Französin und Deutsche." Halbes, Ganzes oder verdoppelt – mein Leben ist immer wie schwimmen ohne Fuß. Es ist befreiend, keine einseitigen, keine einengenden Wurzeln zu haben, ganz auf sich allein und die eigenen Vermögen gestellt zu sein und zu erleben, dass es geht – dass man über dem Wasser bleibt, das einen trägt. Es ist überaus reizvoll – wenn auch etwas unheimlich, sobald ein Schatten auf einen fällt und die vordem funkelnden Wellen verdunkelt, so dass es einem doch plötzlich aufgeht, wie undurchdringlich und womöglich gefahrvoll die Tiefe unter einem ist. Oder man dreht es um und sagt, es ist etwas gefährlich, so ohne Fuß zu schwimmen, aber dabei überaus frei und reizvoll. Wie man das gerade sieht, hängt genau davon ab, ob soeben ein Schatten auf einen fällt oder ob man eine Sonnenphase erwischt hat.

Armor um 1950 (Foto: Serge Lézénès)

Von der Grundbefindlichkeit des Pendelns

Abschiednehmen

Eine Erfahrung, die mir eine der vertrautesten ist, ist das Abschiednehmen. Wenn man zwischen zwei Heimaten pendelt, muss man das oft. Soweit ich zurückdenken kann, war dieses ein besonderes Problem: das Abschiednehmen von Mamie und Papy, den bretonischen Großeltern. Zunächst wohnten wir bei ihnen, in ihrem Haus in ihrer Stadt, wenn wir in den Ferien in die Bretagne kamen; später gab es ein eigenes Familienferienhaus, das wir liebten, in einem Dorf, nur wenig von der Großelternstadt entfernt. An den Reisetagen, den sehr, sehr langen und anstrengenden, fuhren wir am ganz frühen Morgen bei Mamie und Papy noch einmal vorbei, um Abschied zu nehmen. Es waren Abschiede und Umarmungen, die nicht enden wollten; und so beschlossen wir irgendwann, die zu langen morgendlichen Abschiede seinzulassen und die letzte Begegnung auf die Reisevortage zu beschränken. Es stimmt, so kamen wir pünktlicher los und etwas früher im deutschen Zuhause an. Aber das Gefühl, ohne Mamie und Papy noch einmal zu sehen durch ihre kleine Stadt zu fahren, da sie auf dem Weg lag...!

Argoat um 1950 (Foto: Serge Lézénès)

Auch den Großeltern fiel es schwer, vielleicht insbesondere meinem Großvater. Der entwickelte ein neues Ritual: das der abendlichen Nach-Abschieds-Begegnungen. Hatten wir unseren offiziellen Abschiedsbesuch am späten Nachmittag oder frühen Abend gemacht, tauchte Papy trotzdem noch einmal am späteren Abend bei uns auf, stets mit irgendetwas, was er uns als Abschiedsgabe nachreichen wollte – Galettes bretonnes, bretonische Salzbutterkekse, oder Crêpes, die man in der Bretagne nicht nur frisch vom bilig isst und die auch kalt noch richtig nach Crêpes schmecken. Obwohl Papys allerletzte Besuche auch immer etwas ungelegen kamen, weil meine Eltern mit packen, putzen, mit irgendwelchen Reisevorbereitungen beschäftigt waren, freuten wir uns aus tiefstem Herzen darüber, ihn noch einmal zu sehen. Wenn wir nun nach Deutschland zurückreisen mussten, den Abschiedsbesuch bei den Großeltern hinter uns hatten und vielleicht eben beim letzten Abendessen in unserem bretonischen Zuhause saßen, pflegte immer einer von uns in gespielter Verzweiflung zu sagen: „Bestimmt kommt Papy noch." Und wir wären unermesslich enttäuscht darüber gewesen, hätte er es dann nicht getan.

Je älter meine Großeltern wurden, desto schwerer fiel der Abschied. Sie, die einer Generation angehörten, die es gelernt hatte, nicht zu viele Gefühle zu zeigen, zeigten in ihren späten Jahren immer mehr davon. Jeder Abschied konnte der letzte sein – sie sprachen es nicht aus und ich auch nicht, wenn ich als Erwachsene von Mamie und Papy Abschied nahm. Doch es gibt Dinge, die müssen nicht laut gesagt werden. Meine Großeltern; das bretonische Heimathaus meiner Eltern und später ein anderes, mein eigenes Haus; die wilde Natur, das gleißende Licht, die schnell ziehenden Wolken; das Argoat, das waldig-felsige Landesinnere, die Heimat meiner bretonischen Vorfahren, und das Armor, die Küste, die zu meiner Bretagne immer gehört hat: Es gab so vieles, von dem Abschied zu nehmen war, von jeher, nur wird man sich mit dem eigenen Älterwerden dessen fortlaufend bewusster, was man hinter sich lässt, worauf man verzichten muss. Ein Stück seiner Seele lässt man immer da – um den Rest im anderen Zuhause wiederzufinden.

Übrigens könnte man erwarten, bei der vielen Routine hätte ich das Abschiednehmen soweit eingeübt, es gut hinzukriegen. Dem ist nicht so. Abschiednehmen ist etwas, das ich überhaupt nicht gut kann, grundsätzlich nicht, von nichts und niemandem, das oder der mir etwas bedeutet. Das war so, ist so, und ich fürchte, das wird auch so bleiben, bis zu dem Moment, in dem ich dann wirklich Abschied nehmen muss von allem, und von allen Heimaten, die ich bis dahin gefunden haben könnte.

Ankommen

Das Gute am Abschiednehmen ist: Am Ende erwartet einen ein neues Ankommen. Das heißt genauer: Am Ende des mit seinen notwendigen Pausen gut dreizehn- bis vierzehnstündigen Reisetags, der einem als Kind unendlich vorkam und den man sich als Heranwachsender in Etappen strukturierte und so erträglicher machte (bis Caen drei Stunden, ein Viertel der Fahrt, und so weiter) – am Ende erwartete einen das andere, das deutsche Zuhause. Als Kind hieß das: das eigene Zimmer, das eigene Bett. Die Kuscheltiere, die man nicht alle hatte mitnehmen dürfen. Oma, natürlich. Freundinnen und Freunde. Kindergarten; dann Schule. Sportvereine, Musiklehrer, und so weiter. Das Leben, das den Großteil des Jahres ausmachte. Das Alltagsleben. Hatte man frühmorgens noch den Abschied beweint, war man spätabends nur froh darüber, angekommen zu sein – angekommen in seiner anderen Welt. Man schlüpft in sie hinein wie in ein Paar bequeme, ausgetretene Hausschuhe. Ein, zwei Tage ist man noch etwas desorientiert, wenn man genau in sich hineinhorcht; doch der Alltag lässt nicht zu viel davon zu, er greift gleich nach einem, saugt einen ein. Und es ist auch ein schönes Ankommen – das Wiederfinden des Vertrauten. Des anderen Vertrauten. Und stets hat man viel zu erzählen, den lieben Menschen, denen man wiederbegegnet. Auch wenn das Licht anders ist, das Klima, die Natur, und ja, auch die Sprache. Eine deutsche Freundin sagte einmal, nach der Rückkehr aus der Bretagne spräche ich mit einem französischen Akzent. Das ist übertrieben, „Akzent" trifft es nicht. Aber ich weiß, was sie meint, ich merke es selber: Etwas im Mund, das Sprechwerkzeug, muss sich umstellen, und das dauert einige Tage. Mag sein, dass so lange etwas an der eigenen Sprache anders klingt. Doch es ist so wie mit dem Licht, mit dem Klima und der Natur, und wie mit dem Wechsel von dem einen in das andere Haus oder Zuhause: Man kommt an, ohne es zu wollen, ohne es zu merken. Und plötzlich ist die Seite umgeschlagen, und was eben noch nah und unmittelbar war, ist weit, weit entfernt.

Richtungswechsel

Der Abschied vom deutschen Zuhause fällt leichter als der vom bretonischen: Man weiß, dass man nicht so lange weg sein wird. Trotzdem fällt das Abschiednehmen auch von dieser Heimat nicht leicht. Man muss Abschied nehmen von diesem Daheim mit seinen vertrauten, haltgebenden Dingen; und von geliebten Menschen, die man vermissen wird und von denen man weiß, dass auch sie einen vermissen werden. Gewiss, eine Trennung von ein paar Wochen hält sich schon aus; und doch, wenn man sich wirklich nahesteht, mag einem schon eine Woche, mögen einem Tage zu viel erscheinen. Allerdings ist es leichter für den, der wegfährt. Nicht, weil er weniger lieben würde, sondern weil es stets härter ist, zuhause zu warten, anstatt in die Ferne hinauszuziehen und Neuland zu erkunden, sich durch Erlebnisse und Eindrücke einnehmen zu lassen, ohne freilich den geliebten Wartenden darüber zu vergessen.

Vielmehr lebt oder erlebt man als Reisender für zwei – am liebsten alles will man teilen und mitteilen. Aber das ist, wenn man schon da ist – ich meine, fort. Der Moment des Abschiednehmens von allem, was einem lieb ist in der deutschen Heimat, bleibt schmerzlich. Und man fährt trotzdem.

Man fährt trotzdem, weil man weiß, dass wenn man einmal im Auto sitzt, zunächst nur das Reisen an sich zählt, das wohlbehaltene Ankommen; und man weiß, dass man dennoch nebenher, trotz der Konzentration auf das Fahren, die ersten Stunden lang zurückdenken mag, an das, was man hinter sich lässt, Gutes und Schlechtes; aber irgendwann um die Mittagszeit, ganz ohne dass man es absichtlich tun würde, wendet sich der Gedanken Richtung und geht von zurück nach vorne. Alles, was gut ist, aber auch alles, was schlecht ist, belastend, legt man gleichsam in einem Bündel auf der Fahrstrecke ab, irgendwo wie im Niemandsland. Man fährt weiter und nimmt Distanz. Nicht nur räumlich. Und wenn man ankommen wird, in der anderen Heimat, wird dieses Bündel weit weg sein. Man wird sich frei davon fühlen – für die Zeit, in der man in seiner anderen, der Ferienwelt lebt. Man ist nicht komplett befreit von allem; man weiß, dass es auf der Rückreise umgekehrt sein wird und dass irgendwo auf der Strecke das abgelegte Sorgenbündel auf einen wartet; man weiß, dass man es wieder aufheben und in die Alltagswelt mitnehmen wird. Doch was ist über die Phase ohne das Bündel anders geworden? Dass man mehr Schwung hat, mehr Energie, mehr Kraft und Elastizität, um das Bündel leichter und mit mehr Anmut zu tragen.

Und man weiß, aus Erfahrung weiß man um all das, und aus diesem Grunde fährt man, pendelt von der einen Welt in die andere. Egal, wen oder was man dafür zurücklassen muss. Man weiß, dass man sich die erste Hälfte der Reise durch eher langweilige Gegenden durchkämpfen muss, über Autobahnen, von denen aus nicht viel Reizvolles zu sehen ist; doch dann, etwa ab der Normandie, wird die Landschaft sehenswert; bald ahnt man die Nähe zum Meer, man sieht es an den zerfetzten Wolkenformationen, am Licht, das sich kräftig an weißen Kreidefelsen bricht; und dann, noch später, kommen die Namen, die einem jedes Mal wieder das Herz schneller schlagen lassen: der Mont-Saint-Michel; Dol de

Bretagne; Saint-Malo und Dinan; dann Lamballe, Saint-Brieuc, Guingamp; dann endlich auf den kleineren Straßen an Callac vorbei, der Stadt der Epagneuls Bretons, der bretonischen Spaniels; und dann kommt bald die Stadt der Großeltern, und ab das ist man fast schon zuhause.

Man kommt an, im Dorf, hält vor dem kleinen Garten, der meist ein Dschungel geworden ist, blühend, grün und üppig, was man trotz der großen Erschöpfung noch wahrnimmt; der Hund auf dem Rücksitz weiß seit Minuten längst, wo er ist, man musste es ihm nicht sagen; mit steifen Beinen steigt man aus dem Wagen, kramt den anderen, lange nicht mehr benutzten Hausschlüssel hervor; der kurze Weg durch den Garten kommt einem komplett unwirklich vor, man schwankt beinah etwas, wie ein Matrose, der erstmals nach langer Seereise wieder Land unter den Füßen spürt; man schließt die blaue Holztür auf – so vertraut und fremd, war sie immer so niedrig? Man öffnet sie, tritt ein, alles riecht etwas muffig; und die Möbel und Dinge sind da wie in einem Dornröschenschlaf und warten darauf, durch ihre Berührung und Benutzung wieder zum Leben gebracht zu werden. – Das Gepäck muss noch rein, der Hund gefüttert werden, man selbst muss sich auch noch verpflegen; und die ganze Zeit über ist es so wie im Garten: Man ist da und noch nicht da; ein Teil von einem ist noch irgendwo auf der Strecke und man weiß, dass es noch Tage brauchen wird, bis man richtig, ganz, auch innerlich im zweiten Zuhause angekommen sein wird.

Und dann kann man, dann wird man hier leben – ohne das Sorgen- und Alltagsbündel. Auch ohne den geliebten Menschen vielleicht, den man so gerne dabeigehabt hätte; aber auch das weiß man aus Erfahrung: Wer zwei Heimaten hat, kann nie alles haben. Nicht gleichzeitig.

Doch sogar diesen Stich eingerechnet, wird einem das freie Leben am Ende der Welt guttun. Ehe die Rückreise kommt, der Abschiedsschmerz und die Ankommensfreude wieder in die andere Richtung. – Und so geht es in einem fort.

Reisegeschichten

Fahren mit Restaurantpausen

Ich kann nicht sagen, wie oft ich im Leben diese Strecke gefahren bin, Hessen – Finistère. Würde man die Fahrzeiten zusammenrechnen, sie würden eine Menge Lebenszeit ausmachen, und das heißt, Lebenszeit im Auto. Immer schon im Auto; denn Bahn fahren oder fliegen wäre für unsere Familie, die anwuchs auf fünf Menschen plus zwei große Hunde, schlichtweg unmöglich gewesen. Zumal man in der Bretagne, einer bis heute wenig dicht besiedelten Gegend, vor Ort ein Fahrzeug braucht. Ohne Fahrzeug im Argoat gestrandet, würde es einem gehen wie jener Generation der Bretonen, zu der noch meine Urgroßeltern großmütterlicherseits gehörten. Jene Generation, die da blieb, wo sie arbeitete. So dass der Argoat-Bretone das Meer vielleicht niemals in seinem Leben sah, und der Armor-Bretone die Wälder und Hügel des Argoat nicht.

Kurzum – natürlich fuhren wir stets mit dem Auto. In einem Tag. Gut tausendzweihundert Kilometer. Mein Vater fuhr sie alleine; obwohl auch meine Mutter fahren konnte, mochte sie es nicht auf der langen Reise, wohingegen mein Vater das Fahren liebte. Wichtig waren die Pausen, vor allem eine: die Mittagspause. Die jeweils exakte Reiseroute legte mein Vater mit Hilfe des Guide Michelin fest. Der renommierte Restaurantführer hatte eine Kategorie, das R rouge, später umbenannt in Bip gourmand, für Restaurants, die besonders gut und dabei im Verhältnis günstig waren. Solche Restaurants suchte mein Vater vor jeder Reise heraus; und zwar mussten sie auf der Route liegen, aber es reichte ihm so ungefähr und er war gerne bereit, Umwege in Kauf zu nehmen. Als ich in das Alter kam, das zu durchschauen – also zu begreifen, dass die quälend langen Reisen durch kulinarische Umwege noch verlängert wurden –, protestierte ich heftig und riss den Rest der Familie mit. Doch die Meuterei half nicht. Mein Vater, obwohl in der Regel sanftmütigen und um der Harmonie willen nachgebenden

Charakters, blieb in dieser Sache, die ihm wichtig war, unbeugsam stur: Das Restaurant musste sein, also auch der Umweg.

Nun, so schlimm war es wiederum nicht. Nie mehr im Leben habe ich so oft so fein gegessen, wie in der Zeit unserer Familienreisen. Eine schönere, gründlichere und anregendere Einführung in die französische Kultur des Speisens und Genießens ließe sich kaum denken und entsprach unserer natürlichen Begabung, zugleich gourmets und gourmands zu sein, Feinschmecker und Gierschlunde. Allerdings war es zuweilen schwierig, die reservierten Restaurantbesuche pünktlich einzuhalten; dann fuhr mein Vater schnell, sehr schnell (damals gab es noch kaum diese lästigen Blitzer und drakonischen Strafen). Er fuhr sehr gut, man fühlte sich nicht in Gefahr dabei; nur einmal fuhr er so schwungvoll über kurvige Straßen, dass eine Wasserflasche im Türfach neben mir zerbarst: Es war eine Flasche Mineralwasser gewesen, derart durchgeschüttelt, dass der Druck der Kohlensäure zur Explosion geführt hatte. Ich blieb unversehrt und wir schafften es noch rechtzeitig zum Essen, das uns besonders köstlich schmecken sollte.

Fahren im Bus

Eine der unvergesslichsten Reisen, von Deutschland in Richtung Bretagne, machten wir in einem VW-Bus. Das Fahrzeug war alt, verschmutzt weiß und extra für diese Reise angeschafft worden. Um meine Großeltern zu entlasten und uns unabhängig von ihnen zu machen, hatten meine Eltern ein Haus in der Bretagne gekauft – ein altes Bruchsteinhaus, ein Bauernhaus, ein eigenes Haus für unsere Familie! Wie besessen hatten sie in den vergangenen Ferien das Haus renoviert, und nun ging es an die Einrichtung. Viele Dinge waren damals in Deutschland billiger als in Frankreich, daher der Bus, voll beladen; mein Bruder und ich saßen komfortabel auf den Matratzen, die quer über die Rückbank gelegt waren. Wir Kinder liebten den Bus. Auch wenn er ein Loch in der Seitenwand hatte, durch das es hereinzog, so dass unsere Eltern es mit einem Tuch zustopften. Es war toll, auf den federnden Matratzen viel Platz zu haben, und vermutlich spielten wir darauf etwas wild; jedenfalls wurde meinem Bruder schlecht und er kotzte auf seine Katze.

Es war keine echte. Wir hatten jeder seine eigene Plüschkatze;

und da wir uns oft gegenseitig um unsere Spielsachen beneideten, waren diese hier identisch gewesen. Wir mussten anhalten; unsere Eltern versuchten, mit viel Wasser den Bus, die Matratze, meinen Bruder und seine Katze zu reinigen. Deren Fell blieb nachher ein wenig verklebt; fortan war es leichter, unsere Katzen auseinanderzuhalten.

Was den weißen VW-Bus betrifft, hatte mein Vater mit ihm einen Unfall. Eines Abends in der Bretagne, in der Dämmerung an einer Kreuzung, nahm ein Moped, das ohne Beleuchtung fuhr, ihm die Vorfahrt. Dem Mopedfahrer passierte nichts, er fuhr nach dem Anrempler einfach weiter, wurde jedoch später dank Zeugen identifiziert. Am Bus war ein Blechschaden, der wurde repariert. Nach den Ferien verkaufte mein Vater den alten Bus in Deutschland für die Summe, die er vor der Reise dafür bezahlt hatte.

Eine glückliche Panne

Natürlich gibt es Unfallgefahr auf der Reise. Blicke ich zurück auf all die Jahre, in denen ich mit meiner Familie gereist bin, und dann auf die Jahre meiner Fahrten allein, finde ich es beinahe erstaunlich, dass nicht noch mehr passiert ist, als ein Unfall und zwei Pannen.

Eine Panne, die wir viel später mit einem anderen Bus hatten, kam mir regelrecht gelegen. Der Bus war eine Nissan Vanette, mit schwachem Motor und vermutlich durch die langen Reisen in flottem Tempo vorzeitig gealtert. Die Vanette fuhr sich anders als ein gewöhnliches Auto: Man saß genau auf der Vorderradachse, das änderte das Lenkverhalten. Daher die kleine Beule. Die Vanette war das erste Auto meiner Eltern, und das zweite überhaupt, das ich fuhr. Ich hatte den Führerschein für meine Vespa gemacht und auf dem Weg zu den Theoriefahrstunden, zu denen mein Fahrlehrer mich abholte, hatte er mich einmal das Fahrschulauto fahren lassen. Ich wusste also, wie man fuhr. Und da die Bretagne so ländlich und frei von Verkehrskontrollen war, verkündete ich eines Morgens, ich würde die frische Baguette vom Bäcker holen. Mit der Vanette. – Ich kann nicht sagen, dass mein Vater darüber begeistert war; doch er ließ mich machen. Alles lief erstklassig – bis ich beim Einrangieren, wieder zuhause angekommen, leicht das Mäuerchen neben mir touchierte. Der Grund: dieses seltsame Lenkverhalten, wegen des Sitzens genau auf der Achse.

Ich habe damals nicht so viel Ärger bekommen, wie man befürchten könnte. Natürlich war mein Vater durchaus etwas unglücklich wegen der Delle. (Ich spreche nur über meinen Vater, weil er der Zuständige für die Autos war, die er ja allein fuhr und liebte.) Er selbst fuhr das offiziell auf Hundertzwanzig Kilometer pro Stunde zugelassene Fahrzeug eben ziemlich beschwingt – um irgendwie unsere langen, langen Reisen an einem Tag zu bewältigen. Daher wohl der ausgelutschte Motor. Daher die Panne, auf dem Weg zurück. Die Vanette musste abgeschleppt werden; und wir, fünf Menschen und zwei große Hündinnen, landeten in Dieppe in einem Hotel.

Was mir gelegen kam. Teenager haben seltsame Prioritäten. Ich hatte die ganzen Ferien über auf Französisch eine amerikanische Serie gesehen, 21 Jump Street. Mit Johnny Depp, dem damals sehr jungen. Da wir im Hotel französisches Fernsehen hatten, konnte ich noch eine Folge meiner phänomenalen Serie genießen.

Reisen im Bus

Im Niemandsland, in der Normandie

Mulmiger sollte mir Jahre später werden, als ich allein unterwegs war. Allein mit Baby, unserer Bordeaux-Dogge (sie war aber gebürtige Bretonin). Es war ein eigentümlicher Sommer. Ein eigentümliches Jahr. Das Milleniumsjahr, in dem meiner Familie und mir eine nicht enden wollende Serie von Unglücken widerfuhr. Zwei davon auf den Reisen.

Ich hatte kurz zuvor meinen Magister abgelegt, und das allerdings war bestens gelaufen – aber dann starb Joy, meine erste, wilde Hündin. Dogge Baby und ich waren daher allein, und beide in Trauer. Trotzdem ging es in die Ferien, gen Westen – trotz allem ein Grund für Abschiedsschmerz und Vorfreude auf das Ankommen! Ich fuhr meinen Twingo, nach einem alten VW Käfer und Austen Mini mein drittes Auto und das erste eigene, mit dem ich die lange Reise wagte. Der Twingo war lustig, schwarz mit rosa Stoßstangen; ich hatte ihn Jahre lang von meinem Gehalt als studentische Hilfskraft abgezahlt. Weil Baby nicht mehr jung war und Rückenprobleme hatte, hatte ich den Rücksitz ausgebaut, so dass sie eine riesige Liegefläche hatte. Es war heiß, sehr heiß, und am Nachmittag, irgendwo zwischen Rouen und Caen, passierte es: Plötzlich stieg schwarzer Rauch auf von unter der Motorhaube!

Ich konnte nicht sofort anhalten, wegen einer Baustelle war die Autobahn in meiner Fahrtrichtung auf eine Spur verengt; da wollte es ein glücklicher Zufall, dass eben eine Ausfahrt angezeigt wurde. Die nahm ich und konnte am Zahlhäuschen endlich stehen bleiben. Sogleich sprang der Mann, der als Kassierer arbeitete, zu mir heraus; er war überaus hilfsbereit, rief gleich Abschleppdienst und Werkstatt für mich an und schlug mir vor, auch bei einer Bekannten anzurufen, die Fremdenzimmer vermietete. Ich stand regelrecht unter Schock und war dankbar für seine Hilfe. Heute gibt es keine Menschen mehr, die in Autobahn-Kassenhäuschen arbeiten, die Zahlstellen sind automatisch; aber auch in Besitz eines Handys, was ich damals nicht war, wäre es für mich nicht möglich gewesen, meine Angelegenheiten so gut und so schnell zu regeln.

Die Bekannte des freundlichen Helfers holte uns ab, mich, Baby und das Gepäck. Es fühlte sich schlimm an, den Twingo zurücklassen zu müssen. Die Bekannte merkte das, sie war sehr herzlich und geradezu mütterlich besorgt. Ihr Mann und sie bewohnten ein altes, sehr großes Fachwerkhaus – eines jener normannischen mit vielen schlanken, senkrechten, dicht nebeneinander stehenden Ständer-Pfeilern. Das Haus stand mitten im Grünen, in einem großen Garten, darum herum Natur. Es war alles wunderschön – aber Baby und ich, wir waren wie verloren. Wir waren in einem Niemandsland. Um uns die Zeit zu vertreiben, und weil wir wirklich nicht wussten, wohin, gingen der Hund und ich in einem staubtrockenen Wäldchen spazieren, der Weg führte uns an den Fluss, die Seine. Ich ertappte mich wiederholt dabei, in der fremden Umgebung nach meinem zweiten Schützling Ausschau zu halten; aber Joy war tot. Ich wusste es ja; doch an diesem heißen Nachmittag, gestrandet im Niemandsland, entlang der träge dahinfließenden Seine, irrte ich umher wie in Trance, und Baby mit mir.

Es sollte noch alles gut ausgehen – den Umständen entsprechend. Mein Vater, der zum Arbeiten in Deutschland geblieben war, holte uns aus dem Niemandsland ab und brachte uns in die Bretagne. Dann fuhr er die tausendzweihundert Kilometer zurück, um später für den Familienurlaub wiederzukommen. Ihm machte das nichts – er liebte das Fahren.

Mein kleiner Twingo sollte hinüber sein, war nicht zu retten. Ich musste mir ein anderes Auto finanzieren. Es war mit diesem, einem blauen Clio, dass ich im Herbst erstmals nach Frankreich fuhr – nicht bis in die Bretagne; das normannische Niemandsland sollte ausreichen.

Das Wildschwein

Es war Anfang Oktober und ich hatte auf einer Tagung den ersten Vortrag meines Lebens gehalten. Es war auch der Beginn meines ersten „echten", nicht mehr studentischen Arbeitsvertrags an der Uni, und ich war mehr als erleichtert, ich war glücklich darüber, nach einer Zeit der Unsicherheit und des Suchens endlich ein Ziel im Berufsleben gefunden zu haben: Literatur wollte ich erforschen, und Gartenkunst; an der Uni bleiben wollte ich, und Professorin werden. (Warum nicht alles ganz so geworden ist? Das ist eine andere Geschichte.) Der Vortrag war überaus aufregend gewesen, aber ein voller Erfolg, und so war ich in einem Hochgefühl sondergleichen. Doch kaum von der Tagung zurück, erfuhr ich von meinen Geschwistern, unsere Eltern seien auf der Reise verunglückt.

Sie waren auf dem Weg in die Bretagne gewesen, ziemlich spät losgefahren und schon in der Normandie in die Dunkelheit geraten; auf der Autobahn kurz nach Caen war ein Wildschwein ihnen vor das Auto gesprungen; Ironie des Schicksals: Für einmal war meine Mutter gefahren, sie hatte reflexartig dem schwarzen Schemen auszuweichen versucht; das Auto war geschleudert, hatte sich überschlagen, war auf dem Dach auf die Gegenfahrbahn gerutscht. Meine Mutter hatte die Geistesgegenwart besessen, mit einer Wasserflasche das Fenster der Fahrertür einzuschlagen, um sich aus dem zerdrückten Fahrzeug zu befreien; ein glücklicher Zufall wollte es, dass ein Wagen anhielt, ein Mann ausstieg, der meinem stark blutenden Vater Erste Hilfe leistete und den Rettungsdienst alarmierte.

Meine Eltern wurden in das riesige Universitätskrankenhaus von Caen gebracht, das man von der Nordumgehung der Stadt aus wie ein Bollwerk vor Augen hat und das mich auch jetzt noch zum Frösteln bringt, jedes Mal, wenn ich daran vorbeifahre. Dort waren sie also gestrandet, das war ihr Niemandsland, und ich musste meine Mutter herausholen. Denn wie durch ein Wunder war sie bis auf ein Schleudertrauma unversehrt, während mein Vater schwer verletzt war, Monate lang im Niemandsland bleiben musste und dann endlich im Liegendtransport mit dem Flugzeug und dann im Krankenwagen noch immer nicht in sein deutsches Zuhause durfte, sondern in Deutschland wiederum in ein Krankenhaus musste, mit anschließender Reha.

Doch davon wussten wir damals noch nichts, meine Geschwister und ich, als wir uns besprachen nach meiner Rückkehr von meiner ersten Tagung. Wir wussten nur, unser Vater war schwer verunglückt, unsere Mutter nicht; folglich musste sie jemand aus dem Krankenhaus abholen. Jemand, das hieß ich. Meine Schwester war noch Schülerin und mein Bruder nie der große Fahrer gewesen.

Ich fuhr also hin, nach Caen, übernachtete im Niemandsland, einem anonymen Zimmer einer einfachen Hotelkette nahe des

Autobahnrings um die Stadt. Am nächsten Tag stand eine längere Operation meines Vaters bevor; um die bange Zeit des Wartens irgendwie zu verbringen, fuhr ich mit meiner Mutter nach Bayeux, wo wir die berühmten Tapisserien ansahen, die mittelalterliche Bildergeschichte der Invasion der Normannen. Es ist merkwürdig, komplett unwirklich, inmitten des Niemandslands auf die Zeugnisse der großen Geschichte zu sehen, die einem so gleichgültig ist im Verhältnis zur kleinen, der eigenen Familiengeschichte. In der sollte der Reiseunfall meiner Eltern de facto historische Ausmaße haben und unvergesslich bleiben, so viel war sicher.

Aber alles wurde soweit wieder gut – den Umständen entsprechend. Die Operation meines Vaters verlief an dem Tag wie geplant; am nächsten mussten wir Abschied nehmen und ich fuhr mit meiner Mutter zurück nach Deutschland; mein Vater sollte, nach viel Zeit und Pflege durch französische und deutsche Mediziner mit ihren je eigenen Denk- und Behandlungsweisen doch wiederhergestellt werden, auch wenn ein paar Narben blieben, äußerliche, aber innerlich auch; nicht nur in ihm, in uns allen.

Mehr denn je sind wir seitdem gewarnt. Wir wissen, was auf Reisen passieren kann. Trotzdem würde es niemandem von uns in den Sinn kommen, zu verzichten auf das Pendeln zwischen unseren Heimaten.

Belgische Blitze

Um etwas Positives vom Reisen zu erzählen: Man sieht so viel Schönes dabei – oder lernt überhaupt erst, Schönes zu sehen. So ging es mir.

Wie alt mag ich gewesen sein? Ich könnte es nicht mehr sagen. Auf der Rückreise war es, in Belgien, ein Abend am Ende der Sommerferien. Die Luft war schwer, schwül von einem drohenden Gewitter. Da passierte es. Der Himmel nahm eine seltsame Tönung an – zwischen schwefelgelb, rosa und violett. Und dann kamen die Blitze. Weiße Zackenlinien, die durch das Gelb-Violett-Rosa zuckten; unerwartet, zuverlässig, es hörte nicht auf, es war nicht einer, es waren viele gleichzeitig, der Himmel war überzogen von einem gleißenden Netzwerk! Aber das Erstaunliche war gar nicht dieses Naturschauspiel. Das Erstaunliche war, dass ich es sah und es mir durch den Kopf schoss: Das ist schön!

Es war ein Erwachen. Zum ersten Mal in meinem Leben sah ich auf eine Landschaft und sah sie als „schön". Und damit sah ich sie erst überhaupt – die Landschaft als solche. Später, viel später in meinem Leben sollte ich an dieses Erlebnis der Blitz-Landschaft in Belgien zurückdenken. Als ich Studentin war. In einem Seminar kam die Rede auf die „Entdeckung der Landschaft". Natürlich war die kulturelle Entdeckung gemeint. Der historische Moment, in dem Menschen – beziehungsweise ein Mensch – die Natur nicht mehr als Lebensraum „blind" hingenommen, sondern sie als etwas Ästhetisches, wie ein Bild, angesehen hatte. Der Dichter Petrarca soll so die provenzalische Landschaft vom Mont Ventoux aus „entdeckt" haben – das mag so gewesen sein. Ich weiß, dass meine Entdeckung der Landschaft in Belgien stattfand, auf der Reise; und damit der Schritt über eine Schwelle, heraus aus der inneren Kindheit.

Eine Frage der Identität oder Das Album mit den Kinderbildern

Ich kam auf die Welt in der Zeit der Fotoalben. Mein erstes ist rosa; in goldfarbenen Lettern ist oben links auf dem Buchdeckel Unser Kind aufgedruckt, unten rechts die skizzenhafte Darstellung eines niedlichen kleinen Mädchens, in Kleidchen, mit Zöpfchen, einem Kasperle im linken Arm, und an der Schnur, welche die rechte Hand hält, eine lustige Rollente.

Das Album ist bestimmt ein interessantes Zeitzeugnis, an dem sich viel zum damaligen Zeitgeist erforschen ließe; aber für mich persönlich ist es obendrein etwas Besonderes. Nicht nur wegen der Fotos, die mich von meiner Geburt an bis etwa zu meinem vierten Lebensjahr zeigen. (In einem Album; wie würde ein heutiges Kind es verkraften, nur so wenige Fotos von sich zu haben?) Zusätzlich zu den Bildern klebte meine Mutter drei Haarlocken von mir ein, aus unterschiedlichen Zeiten und die von Mittel- zu Dunkelblond gehen, erst gelockt sind und dann glatter werden. Diese Haare sind unheimlich faszinierend. Geschützt in dem Album, sehen sie aus wie eben erst abgeschnitten. Sie machen einem den kleinen Menschen, von dem sie stammen, unglaublich fühlbar präsent – doch diesen kleinen Menschen gibt es nicht mehr – und gibt es irgendwie doch – das war, das bin ich! Meine Haare mochten damals eine andere Tönung haben, die DNA darin hat sich nicht verändert.

Es hat sich erstaunlich vieles nicht so sehr verändert. In das rosa Album schrieb meine Mutter auch Notizen, die ersten drei Jahre meines Lebens lang. Keine Romane; kurze Aussagen zu meiner Entwicklung. Es ist äußerst merkwürdig, diese Notizen zu lesen zu dem Kleinkind, das man einmal war, zu einer Zeit, an die man sich (vielleicht wenige bedeutsame Momente ausgenommen) nicht erinnert. Und doch beobachtete und beschrieb meine Mutter ihr Erstgeborenes genau, und letztlich sind die Eigenschaften, die sie in ihrem Kind sieht oder vorausahnt, seine Vorlieben und Eigenheiten, die sie notiert, mir alle bekannt, denn ich trage sie heute noch in mir, auch wenn ich sie nicht mehr alle so offen der Außenwelt zeige.

Manchmal schrieb meine Mutter auch die Worte auf, die ich schon sprechen konnte, oder für sie bemerkenswerte kindliche Aussagen. So weiß ich zum Beispiel, dass ich mit acht Monaten, noch ehe ich eine Kurzform meines eigenen Namens benutzte, das Wort chien sagen konnte, Hund. Dass ich das französische Wort für den Hund benutzte, führe ich darauf zurück, dass meine Mutter noch nicht so lange in Deutschland war und hauptsächlich Französisch mit mir sprach.

Aber ich lernte nicht nur Französisch. Nicht lange nach meinem zweiten Geburtstag sahen meine Eltern im Fernsehen Michael Strogoff, einen ZDF-Abenteuervierteiler nach dem Roman Der Kurier des Zaren von Jules Verne. In dem Film wurde viel geritten. Ich hatte mein eigenes, heiß geliebtes Schaukelpferd, und da ich beim Fernsehen dabei war, sagte ich plötzlich: „Ich cheval aussi" – „ich auch Pferd". Es kommt auch heute noch vor, dass ich – für mich – die Sprachen mische. Gewiss reflektierter; es gibt Worte in der einen Sprache, die es so in der anderen nicht gibt, man kann sie nicht unmittelbar übersetzen. Solche Worte zu verwenden hilft einem, sich genauer auszudrücken. Ein Beispiel? Ich wüsste nicht, wie ich die Sehnsucht exakt in das Französische übersetzen sollte. Ich müsste das Gefühl erklären, ein französisches Wort dafür gibt es nicht. Umgekehrt gibt es keinen amour fou im Deutschen. Jene kopflose, einen zu totalen Regelbrüchen hinreißende Liebe – so, jetzt habe ich sie erklärt. Aber ein Wort dafür finden kann ich in der deutschen Sprache nicht.

Wenn man sich dessen bewusst ist, kann man nun weiterfragen: Warum gibt es bestimmte Worte nur in der einen oder der anderen Sprache? Heißt das, es gibt das, was die Worte meinen, auch nur in der einen oder in der anderen Kultur? Können Franzosen nicht sehnsüchtig sein – können Deutsche nicht kopflos lieben? Oder regelt die Sprache umgekehrt etwas von außen und in der französischen Kultur wäre Sehnsucht nicht vorgesehen, so wenig wie amour fou in der deutschen? Ich gebe nicht vor, diese Fragen beantworten zu können. Ich weiß nur, dass es so ist: Dass es Worte gibt, und darüber Denkweisen, Gefühls- und Verhaltensweisen, Sichtweisen, für die es in der einen oder der anderen Sprache und Kultur Begriffe gibt, in der anderen nicht. Wächst man mit beiden

Sprachen auf, lernt man, sich beider zu bedienen. Was auch heißt, dass man sich immer im Klaren darüber ist, dass es zwei Sprachen, zwei Kulturen, zwei Sichtweisen gibt, die man sich ergänzend erlebt und verwendet, die man manchmal aber gegenseitig hinterfragen muss. Die eine Sprache – die eine Kultur – die eine Sicht- und Denkweise gibt es nicht. Mit diesem Wissen zu leben, bedeutet gleichzeitig Unsicherheit und Befreiung. Schwimmen ohne Fuß.

Und man muss diesen Zustand für sich sortieren. Ziemlich früh fängt man damit an. Etwa einen Monat vor meinem dritten Geburtstag scheine ich, den Aufzeichnungen meiner Mutter aus dem rosa Album zufolge, intensiv über die Sache nachgedacht und mich dazu geäußert zu haben, übrigens auf Deutsch. So steht in einer ersten Notiz geschrieben, ich hätte meiner Mutter gesagt: „Du bist Französin. Du bist nicht Deutsche." Einen Tag später hielt meine Mutter fest, ich würde es mögen zu sagen: „Ich bin ich, du bist du." Und eine Woche später, zugleich eine Woche vor meinem dritten Geburtstag, soll ich zum ersten Mal verkündet haben: *Ich* sei Französin *und* Deutsche.

Wie andere einen sehen und hören

Ente mit Fenchel

Ich weiß nicht mehr genau, wie alt ich war, als ich zum ersten Mal allein die Tausendzweihundert-Kilometerreise antrat. Ich weiß noch, dass es eine Rückreise war, von Westen nach Osten, und ich fuhr nicht mit dem eigenen Auto, sondern mit einem meiner Eltern. Wie alt war ich also, achtzehn, neunzehn? Warum musste ich alleine nach Deutschland zurück, zu einem anderen Zeitpunkt als der Rest der Familie? – Keine Ahnung! Sogar an das Gefühl der Aufregung vor der großen Reise allein kann ich mich nur vage erinnern; sehr genau aber an die Enttäuschung. Und zwar wegen der Ente mit Fenchel.

Es war nämlich so gewesen, dass ich die Reise allein nach dem familienüblichen Muster gestaltete, was besagte, mittags in einem Restaurant aus dem Guide Michelin essen zu gehen. Dazu stoppte ich in Forges-les-Eaux, ohne allzu großen Umweg von der geradesten Strecke. Es war nicht nur meine erste Tausendzweihundert-Kilometerreise, es war auch das erste Mal, dass ich allein ins Restaurant ging. Etwas, das mir bis heute nicht so viel Spaß macht; essen ist viel schöner, wenn man es mit anderen gemeinsam tut – zumal mit anderen Genussmenschen. Zusammen essen, das heißt für Franzosen, die einzelnen Gänge nicht herunterzuschlingen, sondern sie auszukosten und sich mit den Tischgenossen über die Gaumeneindrücke auszutauschen. Oftmals wecken diese Erinnerungen an andere, in der Vergangenheit genossene Speisen, und so wird beim Essen in der Regel viel über das Essen geredet, und nicht nur über das, was auf dem Tisch steht.

Nun gut, das fiel für mich, den Teenager allein im Restaurant, weg; und so war es für mich gar nicht leicht, insbesondere die Pausen zwischen den Gängen angenehm zu überbrücken. Ich beobachtete verstohlen mein Umfeld – den Raum, das Personal, die anderen Leute – und sie beobachteten verstohlen mich. Ich weiß nicht mehr, was ich als Vorspeise wählte; auch das Dessert ist mir entfallen. Als Hauptgericht bestellte ich magret de canard, Entenbrust. Aber wie groß war meine Enttäuschung, als die Ente mit Fenchel serviert wurde. Denn den bitteren fenouil mochte ich gar nicht, noch nie! So wurde mein erster Restaurantbesuch allein auf der langen Reise nicht mit dem kulinarischen Hochgenuss belohnt, auf den ich mich schon gefreut hatte. Auch bin ich auf späteren Reisen nie wieder in diesem Restaurant in Forges-les-Eaux gewesen; nicht einmal mittags in Forges-les-Eaux, bedenke ich's recht.

Von Tisch zu Tisch

Die Ente mit Fenchel war eine Sache; die andere etwas unangenehme waren die Blicke der Leute. Was mochten sie sich wohl gedacht haben über die sehr junge Frau, die so alleine essen ging? Was hätten sie sich gedacht, wenn sie gewusst hätten, was das für ein Boxenstopp war, im Niemandsland zwischen zwei Heimaten? Haben sie es mir angesehen, dass ich diese zwei Heimaten hatte? Wohl kaum. Anders als die Kinder meines Bruders, die ihre deutsch-französisch-ägyptische Herkunft auf dem afrikanischen wie auf dem mitteleuropäischen Kontinent ein wenig anders aussehen lässt, sind meine Geschwister und ich von einer unauffälligen Mischung und springen optisch weder in der einen, noch in der anderen Heimat besonders ins Auge. Verdächtiger ist da die Sprache.

Eine andere Reise, von Osten nach Westen, und ein anderer Restaurantbesuch. Ich war nicht allein, sondern reiste mit meinem Bruder und mit Hund Garou. Wir waren (alle drei) junge Erwachsene; vermutlich lag es an gemeinsamen Semesterferien (nur Garou hatte keine), dass wir zusammen in die Bretagne fuhren. In Aumale, einer kleinen Stadt direkt nach der regionalen Grenze von der Picardie in die Normandie, wollten wir in die Pizzeria gehen; aber die hatte geschlossen. So beschlossen wir, uns trotz schmaler Geldbeutel doch etwas Gutes zu tun, und gingen in die Villa des Houx. Die Stechpalmenvilla ist ein imposanter alter Fachwerkbau, in dem man auch übernachten kann – und exquisit essen. Es war eines jener Restaurants aus dem Guide Michelin, die wir – unsere ganze Familie – schon lange kannten und mehrfach besucht hatten.

Wir stiegen also aus dem Auto – alle drei; denn zu jener Zeit waren Allergien, Allergiker und Hunde als deren Gefährdung noch kein Gesprächsthema und für uns kein Hinderungsgrund, den sehr großen schwarzen Vierbeiner mit in den Restaurantsaal hineinzunehmen. Man wies uns einen ruhigen Tisch in einer Ecke des Raums zu, in die Garou sich zurückziehen konnte. Mein Bruder und ich erhielten die Speisekarten, und bald wässerten uns die Münder in der Vorfreude auf die erlesenen Gerichte.

Wie das immer so ist, nach den ersten sechshundert Kilometern, muss man in seiner Pause erst einmal ankommen. Man hat das Essen ausgewählt; nun wartet man und sieht sich mehr oder weniger müde im Raum um. Uns fiel auf, dass wir den Altersdurchschnitt an diesem Tag deutlich senkten. Es war wohl kein Sonntag, ein Samstag vielleicht, und der Restaurantsaal war überschaubar mit Gästen besetzt, die alle die Mitte des Lebens sichtbar überschritten hatten. Uns zunächst saßen drei alte Herren an einem Tisch und waren uns einen Gang oder so voraus. Mein Bruder und ich unterhielten uns, auf Deutsch. Was die alten Herren, die uns neugierig bishin zu misstrauisch gemustert hatten, bald mitbekamen, denn wir hörten aus ihrem Gemurmel heraus das bedeutsam ausgesprochene Wort: allemand. Mein Bruder und ich sahen uns an; mein Bruder hob spöttisch die Augenbraue. Unser erster Gang kam; wir achteten nicht mehr auf die Tischnachbarn, sondern widmeten uns unseren Gerichten.

Ich glaube, es war während des zweiten Gangs, dass einer der Alten lauter, da empört ausrief: „Ils ne boivent même pas de vin!" – Richtig, wir tranken keinen Wein an dem Fahrtag. Aber der Empörte hatte ja etwas anderes, er hatte mehr sagen wollen mit seinem „Sie trinken nicht einmal Wein!" Er hatte sagen wollen: Diese Deutschen trinken nicht einmal Wein zu ihrem Essen – solche Banausen sind das! Dass mein Bruder die Bemerkung genauso deplatziert fand wie ich, sah ich ihm an. Doch wir verdrehten nur die Augen und verputzten dann mit besonderer Hingabe den croustillant au chocolat – ein aus verschiedenen Teig- und Crèmeschichten bestehendes, mit knusprigen Waffel- und Schokoladenstückchen duchzogenes Dessert, wegen dem allein sich immer ein Besuch in der Villa des Houx lohnen wird. Auf den köstlichen kleinen café danach, begleitet nochmals von süßen Leckereien, verzichteten wir übrigens auch nicht.

Die alten Herren hatten vielleicht ein Menu mit mehr Gängen gehabt; als wir gingen, der Hund, der Bruder und ich, saßen sie noch immer an ihrem Tisch, rotgesichtig und ziemlich heiter vom vielen Essen und Weintrinken. Und ich konnte es mir nicht verkneifen, auf Französisch und besonders höflich und sanft zu sagen: „Au revoir et bonne continuation“, „auf Wiedersehen und guten Fortgang des Essens“.

Vor dem Restaurant mussten mein Bruder und ich erst einmal loslachen, die Mienen der Weintrinker waren so sehenswert gewesen! Aber bei allem Lachen fühlt man sich doch nicht gut dabei, auf herablassende Weise als Deutsche betrachtet zu werden.

Gewiss, man kann auch freundlichere Dinge hören, von Tischnachbarn, die meinen, man verstünde sie nicht. Wie einmal in der Vieille Forge von Caulières, ganz bei Aumale in der Nähe. Die Alte Schmiede hat einen Restaurant- und einen Brasserie-Raum; ich war in hündischer Begleitung in der Brasserie, mit Iago, dem Bretonischen Spaniel. Es war an einem Werktag; am Tisch neben mir saßen drei Handwerker. Wohl mochten sie gerätselt haben, wer die Frau war, die allein, nur mit Hund, essen ging. Eine Reisende, das haben sie wahrscheinlich vermutet; jedenfalls eine Person, über die man auf Französisch halblaut offen reden konnte, denn „jolie, mais sérieuse“, äußerte einer der drei gut hörbar. Vielleicht wollte er doch, dass ich das halbe Kompliment verstand; der französische Mann ist sehr viel unternehmender in galanten Annäherungsversuchen, als der deutsche. (Das sei so, weil das kulturell so vermittelt und erwartet würde, erklärte mir mein französischer Freund Michel, der es allerdings als stressig empfand, als Mann immer den ersten Schritt tun zu müssen.) „Hübsch, aber ernst“ – nun ja, danke. Würdet ihr nach den ersten sechshundert quietschfidel kichernd zu Tisch sitzen? So hätte ich zurückgeben können, tat es aber nicht, sondern konzentrierte mich hübsch ernsthaft auf mein Essen.

Sein, was man spricht – oder nicht sein

Man muss nicht anders aussehen, um als Fremde betrachtet zu werden. Ich denke, dass die Sprache das noch Wichtigere ist. Über sie wird man von anderen unweigerlich einem Land, einer Nationalität zugeordnet. Als Familie haben wir uns gerade in Restaurantsituationen gerne ein Spiel daraus gemacht. Man beginnt, in der einen Sprache zu reden, die Leute an den Nachbartischen bekommen es mit, ordnen einen zu. Dann die Verblüffung, der Wechsel der Sprache – das sorgt stets aufs Neue für Verwirrung und komische Gesichter. Es ist ein Ratespiel, denn man gibt den anderen Rätsel auf. Wie jetzt – erst Deutsch, dann Französisch? Was sind die denn nun? Vielleicht aus dem Elsass? Aber wenn man genau hinhört, dann klingt niemand von uns wie aus dieser Region.

Es gibt regionale Einschläge in der französischen Sprache, wie vermutlich in jeder; und manchmal merke ich, wie ich Franzosen geradezu irritiere, weil sie meine Sprache nicht einordnen können. Denn hören Deutsche mich französisch sprechen, hören sie, dass da jemand „perfekt" Französisch spricht. Hören Franzosen mich aber, hören manche etwas, das sie erst nicht benennen können; wissen sie jedoch, dass ich zur Hälfte Deutsche bin, dann reden sie gerne von einem charmant petit accent. Aber was nützt es mir, dass der keinem gängigen und bestimmt nicht dem deutschen Akzent entspricht, und was habe ich davon, wenn dieser sprachliche Einschlag charmant sein soll? – Es ärgert mich, ihn zu haben!

Allerdings weiß ich, woher er kommt: Es ist eine Frage des Sprechwerkzeugs. Der gesamte Mundbereich muss sich beim Wechsel von der einen in die andere Sprache umstellen. Und um das bis zur Spurlosigkeit hinzubekommen, müsste man über einen längeren Zeitraum in Frankreich leben. Meine Schwester lebte Jahre lang nahe Lyon; ihr petit accent hat sich darüber abgeschliffen; im Gegenteil fing sie irgendwann an, französische Formulierungen ins Deutsche übersetzt zu verwenden. Was sie dann in Deutschland etwas anders, etwas befremdlich machte. Denn man wird sofort als anders und fremd registriert, wenn man anders spricht als die Mehrheit. Da ist es egal, welche Staatsangehörigkeit man hat und welche Vorfahren. Man ist anders und wird so gesehen, weil man sich anders anhört; und das muss von den anderen gar nicht böse gemeint sein.

Meine bretonische Freundin Sylvie stellte mich einmal als ihre „deutsche Freundin" vor, ehe sie sich schnell korrigierte, ich sei mütterlicherseits Bretonin. (Übrigens behauptete Sylvie immer, mein charmanter kleiner Akzent hätte deutsch-bretonische Anklänge. Wie auch immer.) Obwohl meine Schwester sieben Jahre lang in Frankreich gelebt hat und ihre Sprache darüber unauffällig wurde, blieb sie in den Augen ihrer Bekannten und Kollegen „die Deutsche". Obwohl meine Mutter seit über fünfzig Jahren gut integriert in Deutschland lebt und akzentfrei ein besseres Deutsch als die meisten Deutschen spricht – nur ein zu sauberes, zu genaues, vielleicht etwas zu melodisches –, ist sie in den Augen aller, die sie kennen, „die Französin". Offenbar brauchen Menschen diese klaren Zuordnungen, diese Schubladen; ein Umgang mit, ein Verständnis für Menschen dazwischen, die nicht nur eines, sondern beides sind, oder vielleicht dann eben nirgendwo richtig dazugehören, scheint nicht vorgesehen, unmöglich.

Vorurteile, eine Randnotiz

Und doch ist es möglich, Freunde zu haben, auf beiden Seiten. Es ist möglich, dass die ganz unerfreulichen Dinge einem nicht ständig passieren. Diese Dinge, die schmerzlich, weil sie ungerecht sind. Wie alle Vorurteile eben.

Es ist mir im Leben nur einmal passiert, dass ich als „Deutsche" feindlich behandelt wurde. Ich war noch sehr klein; mein Bruder und ich spielten auf der Straße, vor dem Haus meiner bretonischen Großeltern. Nachbarskinder spielten da auch, und sie nannten uns les boches. Wir gingen rein und fragten die Erwachsenen, was denn les boches heißen solle? Dass es eine Beschimpfung gewesen war, so viel hatten wir verstanden. Fast schlimmer als der Schreck darüber, von fremden Kindern beschimpft worden zu sein, war dann der zweite – über die Betroffenheit der „Großen". Eltern und Großeltern tauschten bedeutsame Blicke aus; und was genau les boches bedeutete, dass es das Schimpfwort auf die Deutschen im Ersten Weltkrieg gewesen war, das erklärten sie uns damals noch nicht. Aber wie gesagt, es war nur einmal im Leben, dass mir so etwas passiert ist.

Aber auch aus der anderen Richtung gab es Vorurteile. Ein Schulfreund, gebürtig aus Bayern, stellte nach einem Besuch in meinem deutschen Elternhaus strahlend und voller Arglosigkeit fest, bei mir sei es „unordentlich – eben typisch französisch". Es stimmt, dass eines meiner Elternteile sehr unordentlich ist, das andere sehr ordentlich. Die „Unordnung mit System“ ist die meines deutschen Vaters! Aber mein Schulfreund „meinte es ja gar nicht so“; anders eine Handvoll Klassenkameraden meiner Schwester in Jahrgangsstufe acht, die von Franzosen nur als „Franzecken“ sprachen.

Es gibt in allen Ländern Menschen, mit denen man etwas anfangen kann, und mit anderen eben nicht.

Reisebegegnungen (Foto: Ingolf Hoefer)

II.

Wie man sich selbst sieht oder Eine Frage der Wurzeln

Wer man ist, das legen nicht die anderen fest. Auch nicht das Haben oder Nicht-Haben eines charmanten Akzents. Wer man ist oder wer man geworden ist oder wer man noch immer dabei ist zu werden, das ist einem wohl per Erbgut in die Wiege gelegt, dann aber durch Sozialisierung herausgeformt worden, und diese, beziehungsweise die Lebenserfahrung, arbeitet kontinuierlich an einem weiter. Allerdings kann ich diesen Prozess für mich auch einfacher formulieren: Was mich prägt und was mich hält und was ich nicht verlieren wollen würde, sind meine Wurzeln. Die liegen vielleicht auch in den Genen und in der Sozialisation, aber darüber hinaus und damit zugleich in meinen zwei Heimaten.

Diese Heimaten sind nicht gleichzusetzen mit dem, was auf Französisch pays oder patrie heißt; denn andere Begriffe als das „Land" oder das „Vaterland" gibt es in meiner französischen Heimat für etwas Heimatähnliches nicht. Doch eine Heimat, das ist kein Vaterland; um Patriotismus geht es dabei nicht. Den könnte jemand wie ich auch gar nicht für zwei Länder gleichzeitig empfinden; aber für nur eines der beiden auch nicht. Das würde eine Entscheidung für eine Seite bedeuten, und ja, ich denke, es gibt Menschen mit zwei Herkunftsländern, die sich demonstrativ für eine Herkunft entscheiden. Das tue ich nicht, denn ich fühle mich auf beiden Seiten verwurzelt. Doch was ist das, was einen Menschen in einem oder eben in zwei Stücken Welt so verwurzelt, dass diese für ihn zu Heimaten werden?

Für ein Kind, und alles fängt in der Kindheit an, sind es zunächst die Menschen. Ein Kind fühlt sich da zuhause, wo seine Erwachsenen sind, die sich um es kümmern und es aufziehen. Die Bedeutung der Eltern steht dabei außer Frage; wer aber für ein Kind gleichfalls und auf eigene Weise sehr wichtig sein kann, sind die Großeltern. In meinem Fall waren das auf der deutschen Seite Oma und Opa (auch wenn ich den letzteren kaum persönlich gekannte habe); auf der französischen Seite waren es Mamie und Papy. Und dann war da noch Mémé.

Mémé oder Die bretonische Urgroßmutter

Mémé, das war meine Urgroßmutter. Sie war die Mutter meiner Mamie. Sie lebte nicht in der Stadt meiner Großeltern und hatte überhaupt nie in einer Stadt gelebt. Sie war Bäuerin gewesen. Als ich auf die Welt kam, war sie bereits Witwe und im Ruhestand, weshalb sie nicht mehr auf dem Bauernhof wohnte, den sie und mein Urgroßvater bewirtschaftet hatten, sondern in einem zweistöckigen Bruchsteinhaus mit Garten in einem größeren Dorf, das von uns aus gut zwanzig Fahrminuten entfernt lag.

Mémé war eine kleine, schmale Frau. Schwer vorzustellen, wie sie einst mehrmals täglich die schweren Wassereimer vom Brunnen zum Hof hinaufgetragen hatte. Oder wie sie, an dem Bach kniend, die Wäsche gewaschen hatte, sommers wie winters. Wie sie den schweren Kessel auf den Dreifuß im Kamin gehoben hatte, um darin bouillie d'avoine, Haferbrei, zu kochen. An all das erinnert meine Mutter sich noch aus ihrer Kindheit. Ich aber kannte Mémé so: Ein paar Mal, wenn wir in den bretonischen Ferien waren, setzten wir uns in das Auto und fuhren in ihr Dorf. Mein Bruder und ich, und später auch meine Schwester, freuten uns schon – auf Mémé selbst, auf ihre Crêpes und auf ihren herrlichen Garten. Meine Eltern mussten die

In Hochzeitstracht

Besuche angekündigt haben, denn sobald wir in den Hof vor dem Haus fuhren (mehr als ein Stellplatz war es nicht; doch für uns Kinder war es ein Hof), da öffnete sich schon die Haustür, zu der drei steinerne Stufen hochführten, und über deren Schwelle trat eine kleine, doch überaus aufrechte Gestalt, in schwarzem Kleid und mit der coiffe, dem weißem Spitzenhäubchen, über dem streng zusammengenommenen Haar; manchmal, wenn sie im Haus gearbeitet hatte, trug sie zum Schutz eine blaukarierte blouse über dem Kleid, jene damals so übliche Haushaltsschürze: Das war meine Mémé.

Nach außen hin zeigte sie noch verhaltener ihre Gefühle als die jüngere Generation meiner Großeltern; doch in ihren Blicken und kleinen Gesten lag so viel Freude und Liebe, und beim Abschiednehmen so viel Trauer, dass es, buchstäblich, kinderleicht zu verstehen war. Nicht mit dem Verstand, aber mit dem Gefühl und mit jenem Instinkt, den Kinder für die Erwachsenen ihrer Umgebung haben. Wir durften Mémé einen Kuss geben und den gab sie zurück; sie nahm uns kurz in die Arme; aber kuscheln und schmusen, das gab es mit Mémé nicht – ebenso wenig wie mit Mamie und Papy, im Übrigen. Aber das machte nichts.

In Küche und Garten

Unsere Besuche liefen stets ähnlich ab. Zunächst wurden wir von Mémé in den Raum ihres Hauses gebeten, den ich einzig davon kannte, da sie den ganzen Tag über darin lebte: die Küche. Wir setzten uns an den Tisch, der mit den Stühlen im Licht des Fensters stand. An der rechten Zimmerwand, glaube ich, müssen Herd und Spüle gewesen sei; ich weiß es nicht mehr sicher, weil sie mich als Kind nicht interessierten. Genau erinnere ich mich hingegen an die schöne, aus meiner Perspektive riesige Standuhr mit dem großen Pendel und dem tiefen Ticken; und an das Büffet. Wie die Uhr, war dieses Möbelstück, aus dem Mémé später die Crêpes hervorholen würde, aus einem rötlich-braunen Holz und bestand aus zwei Teilen – unten ein geschlossener Schrank mit massiven Holztüren, oben einer mit Glastüren; beide Teile lagen nicht unmittelbar aufeinander, sondern der obere ruhte auf schön gedrechselten Säulen, zwischen denen sich eine Ablagefläche ergab. An eine Dekoration des Raumes erinnere ich mich nicht, es war ein einfaches, fast karges Zimmer; und doch fühlte ich mich als Kind darin geborgen.

Nur blieben mein Bruder und ich nicht lange im Haus – es lockte der Garten! Und während Mémé le goûter für uns zubereitete, den bretonischen Nachmittagskaffee, schossen wir hinaus. Der Garten war für uns märchenhaft und ein Abenteuer, es gab so viel zu entdecken! Er kam uns riesig vor, man konnte sich sagenhaft verstecken, hinter den Büschen oder den Apfelbäumen oder um das Hüttchen herum, das einmal eine Toilette gewesen sein sollte. An den Büschen fanden wir im Sommer Stachel- und Himbeeren; einmal gab Mémé uns eine leere Zweiliterflasche Wasser mit, die wir bis oben mit Stachelbeeren füllten und dann stolz ins Haus zu den Erwachsenen trugen. Die Äpfel von Mémés Bäumen schmeckten süß und waren so saftig, dass es einem klebrig von den Händen herunterlief. Es gab auch viele Blumen, duftende, bunte Blumen; sie liebte Blumen und hegte sie, so wie sie den ganzen Garten hegte, der, ohne dass wir das damals bewusst begriffen hätten, ein Teil von ihr war, von ihrer Achtsamkeit und Liebe geformt und zum Blühen gebracht.

Später, als Mémé nicht mehr lebte und ihr Haus verkauft worden war, wurde es zu schmerzlich, daran vorbeizufahren. Eine Dame aus Paris hatte es erstanden, und die sorgte erst einmal für französische Ordnung: Die Büsche wurden entfernt, und das Toilettenhäuschen; nur ganz wenige Apfelbäume durften noch ein paar Jahre lang stehen. Nun war der Garten von überall einseh- und überschaubar, mit gestutztem Rasen und amphorenförmigen Zierkübeln, alles schön geometrisch. Die alte Wasserpumpe aber wurde aus dem Garten ausgesperrt, fortan trennte ein Zaun sie und ein quadratisches Stück Boden ab von dem Grundstück.

Denn ja, es hatte eine alte Wasserpumpe gegeben. Für uns war es Mémés Pumpe gewesen, aber in früheren Zeiten war man auf dem Lande nicht so genau mit dem Mein und Dein; vielleicht hatte die Pumpe, der Zugang zum Wasser, auf dem Papier der Allgemeinheit gehört und eben zufällig am Rande von Mémés Garten gestanden, wo sie, wie ich mich erinnere, von einer Seite den Nachbarn frei zugänglich gewesen war. Nicht, dass ich jemals einen Nachbarn dabei gesehen hätte, sie zu benutzen. Doch wir, mein Bruder und ich, waren fasziniert von der rostigrot-weißen Pumpe, vom Quietschen ihres langen Hebels und vom plötzlich herausspritzenden Wasserstrahl. Natürlich spritzten wir uns gegenseitig nass und wurden manchmal geschimpft, wenn wir ganz durchweicht waren; aber welches Kind hätte sich davon schon abhalten lassen?

Crêpes und Bretonisch

Unser Spielen im Garten wurde irgendwann unterbrochen, weil man uns zum goûter rief. Jetzt gab es Kaffee und Tee für die Erwachsenen und für uns Orangensaft; vor allem gab es dazu aber die Crêpes, die Mémé nun aus ihrem Büffet holte. Sie waren sorgsam verpackt, um frisch zu bleiben. In früheren Zeiten wurden einmal pro Woche Crêpes gebacken, in großer Menge, damit sie sieben Tage lang ausreichten. Auf dem Land buk die Bäuerin die Crêpes meist selbst; es gab aber auch in den Dörfern und vor allem in der Stadt Frauen, die sich damit einen kärglichen Lebensunterhalt verdienten.

So erinnern meine Mutter und ihr Cousin Gérard sich noch lebhaft daran, wie sie als Kinder mit etwas Geld zur Crêpes-Bäckerin aufbrachen – nicht ohne Butter; denn die Butter zum Ausbacken brachte man selbst mit. Und auch in meinem bretonischen Elternhaus wurden, lange bevor es meinen Eltern gehörte, einst Crêpes gebacken. Es war nach dem Krieg; ein Ehepaar wohnte in dem Haus und der Mann suchte noch Arbeit. Die Frau baute kurzerhand ihren bilig auf, in der Ecke zwischen Kamin und Fenster. Dort buk sie die Crêpes, die sie durch das offene Fenster verkaufte, so dass die beiden vorerst nur davon überlebten. Obwohl die Crêpes-Bäckerin, heute eine alte Dame, Yvonne, seit Jahrzehnten in einem anderen, eigenen, sehr großen Haus im selben Weiler wohnt, buk sie bis vor wenigen Jahren weiterhin jeden Samstag frische Crêpes, auf einem bilig in ihrem Keller, die sie an Nachbarn und Interessenten verkaufte. Inzwischen wollen ihre Augen nicht mehr; nichtsdestotrotz geht sie noch am Stock auf den vertrauten Dorfwegen spazieren; ein wenig langsam, ein wenig unsicher, aber noch immer so aufrecht, wie es nur irgend geht.

Obwohl Yvonne ein paar Jahre nach meinen Großeltern geboren wurde, ist sie eine Vertreterin der alten, verschwindenden, schon fast nicht mehr vorhandenen Generation, in der die alten Bräuche und Riten, teilweise Jahrhunderte lang überliefert, noch fortgelebt hatten. So wie die Trachten, die Tänze, die Musik. So wie die Sprache, Bretonisch. So wie die Crêpes, die es bestimmt schon vor Anbau der Kartoffel im sechzehnten Jahrhundert gab und ehe diese, zusammen mit der Salzbutter, zu vielleicht dem bretonischen

Grundnahrungsmittel wurde. Pomm-de-tehr, so etwa klang das französische pommes de terre, sagten es die Alten mit ihrem bretonischen Einschlag. Die, welche, wie meine Mémé, Französisch erst in den sechziger Jahren und über das Fernsehen gelernt hatten.

Heute ist es umgekehrt. Es gibt die Ecoles diwann, die bretonischen Schulen. Sogar das Abitur kann man auf Bretonisch machen. Im Radio kann man ständig Bretonisch hören, auf allen möglichen Regionalsendern. Aber auch, wenn ich selbst kein Bretonisch spreche, höre ich: Es ist Bretonisch mit französischem Akzent. Bretonisch ist eine keltische Sprache, am ehesten noch verwandt dem Wallisischen, und es hat mit Französisch gar nichts zu tun. Warum ich nicht Bretonisch gelernt habe? Weil ich niemanden hatte, um bretonisch zu reden.

Mein Großvater war Stadtbretone; in seiner bourgeoisen Familie sprach man Bretonisch nicht. Meine Großmutter hatte in ihrer bäuerlichen Familie allerdings nur Bretonisch gesprochen; erst in der Schule brachte man sie und ihre Mitschüler unerbittlich zum Erlernen der französischen Sprache. Mamie erzählte mir, wie: Es war kurz nach ihrer Einschulung; die Kinder konnten noch kein Französisch, woher auch? Ein Mädchen meldete sich und bat darum, auf die Toilette gehen zu dürfen. Sie bat auf Bretonisch, wie

Mädchen in Tracht, Anfang des 20. Jahrhunderts

sonst? Die Lehrerin hatte das Kind sehr wohl verstanden. Doch so ging es nicht, das machte sie klar. Sie sagte dem Mädchen, es müsse auf Französisch die Erlaubnis erbitten, sich erleichtern zu dürfen. Ob das Kind diese Aussage überhaupt verstanden hat? Es verstand das Verbot. Und damals, Anfang der dreißiger Jahre, gehorchten Kinder den Autoritätspersonen. Das Mädchen blieb sitzen. Als es sich nicht mehr zurückhalten konnte, entleerte es sich auf seinen Stuhl. Das muss man der Lehrerin lassen: Diese Lektion hat meine Mamie niemals vergessen; das arme Mädchen sicherlich auch nicht.

Mamie wurde also staatlich in der französischen Sprache beschult, sprach aber zuhause weiterhin Bretonisch. Nach ihrer Hochzeit mit einem Stadtbretonen freilich immer seltener; und doch hätte man mit Mamie in ihrer Erstsprache kommunizieren können – hätte man diese erlernen können, in der Ecole diwann. Doch dem war nicht so. Jede Gegend, jeder größere Ort hatte einst seinen eigenen Dialekt, so wie seine eigene Tracht, seine Tanz- und musikalische Spielweise. Bretonisch war eine gesprochene, eine gelebte und mündlich weitergegebene Sprache, keine geschriebene. Das Bretonisch, das heute gelehrt wird, ist eine Kunstsprache. Die Vielzahl von Dialekten mussten vereinheitlicht werden; im Umkehrschluss heißt das, dieses verschriftlichte, theoretisierte, phonetisch reglementierte Konstrukt hat früher niemand in der Bretagne gesprochen.

Hundert Jahre später, Festumzug (Foto: Ingolf Hoefer)

Mamie gab mir gegenüber einmal zu, verwirrt zu sein, weil sie das neue Bretonisch nicht verstehe. Das nahm mir damals die Motivation, diese Sprache zu lernen, die nicht mehr die meiner Vorfahren war. Trotzdem denke ich, was heute geschieht, ist der einzige Weg, die alte Sprache, die alten Bräuche, die bretonische Kultur zu überliefern. Es ist keine schön gewachsene, ununterbrochene Überlieferung; es ist ein revival, das begann, als die ununterbrochene Überlieferung fast nicht mehr existierte. Zum Erlernen der bretonischen Sprache gibt es Schulen, zum Lernen der Tänze Clubs oder Tanzschulen, auch für die Musik gibt es Lehrer. Crêpes gibt es in jedem Supermarkt.

Zurück zu Mémé, die ihre Crêpes, welche sie uns anbot, vermutlich auch schon im Supermarkt gekauft hatte. Damals hatten sie allerdings eine gute Qualität und stammten von örtlichen oder ortsnahen Traditionscrêperien, was sich in den folgenden Jahrzehnten über die Einführung billiger, industrieller Produkte veränderte. Heutzutage steht die traditionelle und regionale Herstellungsweise wieder hoch im Kurs, ausschließlich mit natürlichen, frischen Zutaten; allerdings zu entsprechenden Preisen.

Doch damals, bei Mémé, waren Crêpes noch keine Fast-Luxusprodukte; sie dufteten gut, wenn Mémé sie auspackte und vor uns auseinanderschlug; denn die großen, runden, hauchdünnen Crêpes waren zum Verkauf und zur Aufbewahrung zweimal gefaltet, so dass sich ein vierschichtiger Viertelkreis daraus ergab. Mémé faltete den einmal auf und fragte uns, ob wir die Crêpes mit Butter oder nature essen wollten, ohne alles; ich wollte es mal so, mal so. Bat ich um Butter, bestrich Mémé die Crêpes großzügig; ob mit oder ohne, faltete sie die Crêpes dann zu einer Art Rolle zusammen, so dass man sie in die Hand nehmen und von der Spitze an abbeißend verspeisen konnte.

Während wir aßen, unterhielten die „Großen“ sich, oft auch über uns Kinder. Einmal fragte meine Mutter Mémé, ob sie nicht auch fände, dass ich wie mein Vater, mein Bruder wie sie selbst aussähe; alle würden das sagen. Meine Mémé war eine ganz ruhige Frau, die nie etwas unbedacht äußerte. Sie musterte mich kurz und gab zurück: „Sie sieht aus, wie sie selbst.“ Es war eine Antwort, die mich berührte.

Der rote Schal

Es war selten, ganz selten, dass wir Mémé außerhalb ihres Hauses trafen. In meinem zweiten Kinderalbum, das nicht mehr rosa ist, gibt es ein paar Fotos aus dem Huelgoat. In diesem Wald mit seinem Felsenchaos, ganz nah an dem einstigen Bauernhof meiner Urgroßeltern gelegen, gingen wir einmal mit Mémé spazieren. Sie war schon damals eine alte Frau und ging etwas langsam. Ich weiß noch, dass meine Eltern mit meinem Bruder vorausgingen und dass ich hinten bei Mémé blieb. Wir sprachen nicht viel miteinander; sie sprach ja nie viel. Aber wir verstanden uns auf unsere Weise. Sie rief mich mit einem Kosenamen, mignonne, Liebes oder Niedliches. Es gibt ein Foto von uns, sie, aufrecht in ihrem schwarzen Kleid und der weißen Spitzenhaube auf den streng zusammengenommenen Haaren, zur Feier des Ausflugs hatte sie ein violettes Halstuch umgelegt; ich sitze auf einem Felsen daneben, in einem weißen Sommerkleid, die Knie angezogen und die Arme um sie geschlungen. Wir berühren uns nicht, auf dem Foto; aber wir sind zusammen.

Einmal, ich war noch jünger als auf dem Huelgoat-Foto, war Mémé in der Stadt bei meinen Großeltern gewesen. Es war Samstag, sie wollte auf den Markt. Mein Vater kam zu mir und fragte, ob ich mit Mémé mitgehen wolle? Ich sagte ja, auch wenn ich etwas unsicher war; noch nie war ich allein mit Mémé auf dem Markt gewesen.

Sie tat etwas Unerwartetes für mich – sie nahm meine Hand. Das tat sonst kein Erwachsener. Sie hielt mich an der Hand, als wir die Straßen der kleinen Stadt bis zum Marktplatz gingen; und dort hielt sie mich an der Hand, vielleicht, um mich nicht zu verlieren, vielleicht auch, weil sie merkte, wie unsicher ich war. Mémé war keine wohlhabende Frau, sie hatte nur wenig Geld, für das Nötigste. Aber als wir an einem Stand vorbeikamen, an dem Halstücher verkauft wurden, sagte Mémé, ich solle mir eines aussuchen. Ich trug nie Halstücher und hatte mir keines gewünscht; aber ich verstand, ohne Zweifel, was das Geschenk bedeutete. Es war seine rote Farbe, die mich einen Schal aussuchen ließ, aus einem durchbrochenen, spitzenartigen Stoff. Mémé legte ihn mir um den Hals, bevor wir heimgingen, Hand in Hand. Bei meinen Großeltern zuhause fragte mein Vater, ob ich denn brav gewesen sei. „Sage comme une image", gab Mémé zurück, was eine französische Redewendung ist; brav wie ein Bild meint, lieber geht nicht. Nur eine Redewendung, aber Mémé meinte es so, genau so: lieber geht nicht.

Klar, dass ich nicht immer sage comme une image war, dass ein anderes Sprichwort auch sehr gut auf mich und meinen Bruder passte: Jeu de main, jeu de vilain, was wir so oft hörten, dass wir es verballhornten mit einem zweiten, völlig unsinnigen Spruch: Jeu de pied, jeu de gibier. Zusammen ergibt das in wörtlicher Übersetzung: Spiel der Hand, Spiel der Unartigen; Spiel des Fußes, Spiel des Wildes. Nun, lassen wir unseren eigenen Zusatz außen vor. Die Original-Redewendung meint den Umstand, dass kindliches Hände-Gerangel beim Spielen schnell in handfestes Wehtun ausartet. Wir haben uns geliebt und bekriegt, mein Bruder und ich; und über uns zu klagen, vor allem vor Mamie und Papy, war eine häufige Beschäftigung speziell meiner Mutter. Ich denke, ich habe es Mamie und Papy in dieser Zeit übelgenommen, sich nur diese eine Seite anzuhören und in das Klagen miteinzufallen; deshalb war ich zeitweilig meinen Großeltern gegenüber, die obendrein viel zu jung für echte Großeltern aussahen, etwas distanziert. In dieser Zeit habe ich allein zu Mémé diese große Nähe verspürt. Sage comme une image – es war leicht, mit Mémé lieb zu sein, weil ich den Eindruck hatte oder besser den kindlichen Instinkt, von ihr verstanden zu werden; weil Mémé an mich glaubte.

Verspäteter Abschied

Wenn geliebte Menschen für einen Wurzeln sind, die einen im Leben verankern und einem die Orte, an denen sie wohnen, die man mit ihnen verbindet, zu Heimatpartikeln machen, gehört es dazu, diese Wurzeln loslassen zu müssen.

Als Mémé starb, war das Abschiednehmen schwierig, ja nicht sofort möglich. Sie starb in der falschen, der anderen, der zu weit entfernten Welt – sie starb außerhalb unserer Ferien. In der Bretagne ist es üblich, die Verstorbenen drei Tage lang aufzubahren und dann zu bestatten. Als wir von Mémés Tod erfuhren, war das alles bereits geschehen. Man hatte uns nicht vorher Bescheid gesagt in der Annahme, wir hätten ohnehin nicht früh genug in der Bretagne sein können, um an der letzten Zeremonie teilzunehmen.

Das war ein Schock für uns. Wir hatten nicht einmal die Chance bekommen, von Mémé an ihrem Sarg Abschied zu nehmen.

Sie war aus dem Bett gefallen und hatte sich den Oberschenkelhals gebrochen, hatte das Gehen nicht wieder gelernt und war in ein Heim gekommen; dort hatten wir sie zuletzt noch einmal gesehen. Sie hatte im Bett gelegen, war im Kopf jedoch ganz klar gewesen. Sehr wenige leben noch lange im Heim. Die Entwurzelung vom eigenen Zuhause und das Leben ohne Hoffnung auf Rückkehr – in das Haus, in bessere Zeiten, in die Welt der Jugend und der Vergangenheit letztlich –, das sorgt schnell für ein Loslassen, ein Aufgeben. War Mémé deshalb von uns gegangen, hatte sie sich am Ende fallengelassen? Wie auch dem. Sie starb; und wir waren nicht auf ihrem Begräbnis.

Eines Tages, ich weiß nicht mehr, wie lange nach diesem Schock, ging ich mit den Hunden spazieren. Es war sonnig, mit leichtem Wind. Ich dachte an Mémé. Ich schloss die Augen und hob das Gesicht gegen das Licht, sodass es mit vor den Augen flimmernd rot wurde. Und ich hatte den Gedanken eines sehr jungen Menschen, der erstmals mit dem Tod und Verlust konfrontiert wird, sich noch dessen unbewusst, wie groß das Loch ist, das die herausgerissene Wurzel in ihm hinterlässt; ich dachte: Vielleicht ist sie jetzt irgendwo da – in dem warmen, rot flimmernden Licht…

Doch das war kein wirkliches Abschiednehmen.

Dann fuhren wir endlich in die Bretagne. Mémés Möbel wurden versteigert; meine Eltern retteten das Küchenbüffet, das heute noch in ihrem bretonischen Haus steht. Meine Großeltern retteten die Schlafzimmermöbel, Bett, Nachttisch und Schrank, die ich als Kind niemals gesehen hatte; aber die schöne große Standuhr aus der Küche? Was ist aus ihr geworden? Ich war nicht mit auf der Versteigerung. Vielleicht bin ich mit auf dem Friedhof gewesen; ich erinnere mich aber nicht daran. Ich habe überhaupt nur verschwommene Erinnerungen an die unmittelbare Zeit nach Mémés Tod; sogar das präzise Jahr ihres Ablebens könnte ich heute kaum benennen; all das habe ich wohl im Schmerz verdrängt. Aber in den folgenden Jahren hielten wir, unsere Familie, fest an unseren Besuchen bei Mémé. Es wurde ein gemeinsames Pilgern daraus, ein Akt, der jedes Mal peinvoll war und von dem wir dennoch nicht abließen. Wenn wir in der Nähe ihres Dorfes waren, schlug jemand von uns vor: „Fahren wir noch zu Mémé?" Nicht die Gruft auf dem Friedhof meinten wir, wir meinten ihr Haus. So fuhren wir langsam durch das schmale Gässchen, das ringförmig um ihr Haus und Grundstück herumführt. Es war nicht mehr ihr Haus und Garten, es war ja alles verkauft und verändert. Und doch war es noch restweise ihres, sozusagen; der Ort, an dem sie für uns noch am präsentesten war.

Es war eine Art Abschiednehmen, aber auch ein Festhaltenwollen und Ausweichen. Den nächsten Schritt würde ich alleine tun, und erst Jahre später. Das kam so.

Es war ein sehr warmer Sommertag, einer jener Tage, die man am besten am Meer verbringt oder im Waldschatten oder im Fahrtwind, auf dem Fahrrad. Ich hatte mich für das Fahrrad entschieden und überlegte, wohin; mehr unversehens schlug ich die Himmelsrichtung von Mémés Dorf ein, und während ich über die kleinen und menschenleeren Landstraßen fuhr, flog mich dieser Gedanke an: Fahre ich zu Mémé? Ich war noch nie mit dem Rad bis zu ihrem Dorf gefahren; es war ein recht weiter Weg und mit starken Steigungen. Durch das flimmernde Sonnenlicht und bald ohne Zeitgefühl mehr fuhr ich hin, bewältigte endlich die letzte Steigung hoch auf den Hügel des Dorfes, bog dort, fast automatisch, in die Ringgasse um Mémés Haus und Garten ein. An einer Stelle, im Schatten der letzten alten Apfelbäume, blieb ich stehen. Von hier aus konnte ich durch den neuen Gartenzaun und den entleerten Garten hindurch auf die Front des zweistöckigen Bruchsteinhauses sehen. Die Dame aus Paris, die Eigentümerin, mochte auch schon betagt sein: Links und rechts neben den Stufen zur Haustür hinauf waren Geländer aus Aluminium angebracht worden, die mehr funktional als dekorativ aussahen. Sie störten mich, weil es nicht Mémés Geländer waren. Noch mehr störte mich dieser zu saubere, einst so verwunschene und liebevoll von Mémés Händen gehegte Garten. Nur die Apfelbäume, in deren Schatten ich stand, waren noch da; und in diesem heißen Sommer lagen vorzeitig gereifte Äpfel bereits auf dem Boden, einige davon außerhalb des Gartens, auf meiner Zaunseite. Sie waren angeschlagen, nicht mehr schön;

ich weiß nicht, warum; ich hob einen auf und steckte ihn ein. Und dann war plötzlich der Entschluss da: Ich muss auf den Friedhof.

Das Fahrrad lehnte ich an die hohe Friedhofsmauer und trat durch das offene schmiedeeiserne Tor. Französische Friedhöfe sind nicht grün wie deutsche. Man sieht Kiesel, Stein und hier und da Eisen. Der Kiesel bedeckt den Boden, die Wege, auf denen kein Gras wachsen soll; Granit- oder Marmorplatten bedecken Gräber und Gruften; auf den wenigen Einzelgräbern mögen hier und da Eisenkreuze stehen, doch an den Kopfenden der Gruften stehen aufrecht die breiten Grabsteine mit den Namen der da ruhenden Familien.

Die Gruft, die ich suchte und nach einigem Herumirren fand, war aus rosa Marmor, der Familienname in goldenen Lettern. Nur der Nachname; ich fand keinen Verweis auf einzelne Personen – keinen Verweis auf Mémé. Wie konnte es sein, dass dieser ganze Mensch, seine Lebensdaten, seine Vornamen und der Jungmädchenname, einfach so in dieser Gruft verschwand? – Ich legte den angeschlagenen Apfel ihres Gartens auf den blanken Stein. Es war in diesem Moment, dass ich stumm von ihr Abschied nahm und ihr dennoch dieses alte Versprechen gab, das so oft gegeben wurde, dass es banal klingen mag, und das doch nach wie vor das Wesentliche beinhaltet: Ich werde dich nie vergessen.

Und bedenkt man's recht, sind auch diese Orte des Verlustes, Mémés verändertes Haus, ihr entzauberter Garten und der Friedhof mit der anonymen Familiengruft, Wurzeln, die mich mit meiner bretonischen Heimat verbinden.

Oma und Opa oder Die deutschen Großeltern

Der eigentlich abwesende Opa

Auf der anderen, der deutschen Seite, gab es nur noch Oma. Opa hatte es einmal gegeben, aber er lebte nicht mehr. Eines Tages, beim Durchblättern der Fotoalben mit Oma, stieß ich auf ein Bild, das mich erschreckte, aber zugleich faszinierte: Es zeigte Opa im Sarg, er war seltsam gelb im Gesicht. Oma blätterte schnell weiter, und als wir das nächste Mal das Album hervorholten, war das Foto entfernt. Trotzdem ist es richtig zu sagen, dass ich Opa hauptsächlich von Familienfotos her kenne; allerdings nicht ausschließlich.

Es geschah, als ich kein Kind mehr war, dass in meiner Elternstadt eine DVD mit alten Filmzeugnissen zur Stadtgeschichte herausgebracht wurde, darunter die Dokumentation eines besonderen Betriebsausfluges. Es war die Firma Leitz gewesen, damals ein Unternehmen mit patriarchalisch-familiären Strukturen, das geschlossen, mit allen Mitarbeitern, an den Rhein zur Schifffahrt aufgebrochen war. Man sah, in technisch guter Schwarz-Weiß-Aufnahme, die Leitzianer in Sonntagskleidung und freudiger Stimmung das Werksgebäude verlassen, und da geschieht es: Für wenige Sekunden geht ein Mann, die Kamera anlachend, beschwingt an ihr vorbei; er ist nicht sehr groß und eher schmächtig, hat wenig Haar und trägt eine Brille und ich erkenne ihn sofort: Das ist Opa!

Die Illusion ist betörend: Über die Kamera kann ich, ganz flüchtig, meinem Opa direkt in die hellen Augen sehen. Aber wenn das die lebendigste Erinnerung ist, die ich an ihn habe, ist es doch nicht die älteste. Mit der hat es eine seltsame Bewandtnis.

Ich war ein Jahr und vier Monate alt, als Opa starb. Ich dürfte mich kaum an ihn erinnern. Und doch ist da etwas. Ich erinnere mich daran, dass ich mich als Kind an etwas erinnerte, das damals wirkliche und unmittelbare Erinnerung für mich war und etwas, das ich heute so nicht mehr in mir finde. Es war kein Geschehen, an das ich mich zu erinnern meinte, es war mehr ein Gefühl. Das Weinen, als ich in Opas Armen lag, weil ich in die mütterlichen zurückwollte. Diese Situation war in meiner kindlichen Erinnerung verortet in Omas und Opas Schlafzimmer, vor der großen Spiegelkommode. Ich erzählte meinem Vater einmal davon, als ich noch klein war. Er meinte, es sei unmöglich, dass ich mich an so etwas erinnern könnte; vielleicht hätte ich ein Bild mit ähnlicher Situation in einem der Fotoalben gesehen? Es gab aber kein solches Foto. So weiß ich bis heute nicht, wo ich diese ganz tiefe, ganz vage Erinnerung an Opa herhatte.

Omas Malzimmer

Anders als Opa, war Oma da, für mich immer. Sie war eine Wurzel in der deutschen Heimat, die von Beginn meines Lebens an tief ging. Sie wohnte nicht weit von meinem Elternhaus entfernt; mein Vater war in die Nähe seiner Eltern gezogen, was meine Mutter nicht rundweg glücklich machte. Sie fand, er habe sich nicht genug abgenabelt. Tatsächlich fühlte sie sich als junge Ehefrau oft kontrolliert – sie, die Französin, von der deutschen Schwiegermutter. Explosiven Charakters, beschwerte meine Mutter sich lautstark bei meinem Vater darüber, was wir Kinder oft miterlebten. Doch in späteren Jahren sollten meine Mutter und Oma sehr gute Freundinnen werden. Sie gingen gemeinsam spazieren, und meine Mutter lernte insbesondere eine Eigenschaft Omas schätzen: Sie konnte zuhören.

Das wusste auch ich aus Erfahrung. Jedes Mal, wenn ich einen kindlichen Kummer hatte, verließ ich mein Elternhaus und rannte hinüber, zu Oma. Ich musste mich strecken, um die obere Klingel zu erreichen; denn unten in der Doppelhaushälfte wohnte meine Tante mit ihrer Familie. Ich drückte verzweifelt die Klingel, und Oma kam. Sie nahm mich mit sich hoch in ihre Wohnung; und sie hatte eine unfehlbare Strategie, um mich zu trösten: Zunächst hörte sie mir einfach nur zu – ohne etwas zu sagen, ohne zu kommentieren. Dann nahm sie mich in die Arme. Dann fragte sie mich, ob ich „malen" wolle.

Ich liebte es zu malen, am liebsten mit Filzstiften, deren Farben kräftiger als die der Buntstifte waren. Oma setzte mich dazu in das kleine Zimmer (mir kam es freilich gar nicht klein vor), das einst das Schlafzimmer meines Vaters und seines Bruders gewesen war.

Ich nahm Platz auf einer schokoladenbraunen, zu einem Sessel zusammenklappbaren Gästematratze, vor mir stand ein niedriger runder Holztisch; sah ich von ihm auf, schaute ich direkt auf Opas Büchervitrine; und mehr gab es in dem Raum nicht. Oma holte die großen Blätter und die Stifte hervor; die Bögen stammten von den Kunstkalendern, die Oma sich jedes Jahr besorgte, wobei sie die ausgedienten nie wegwarf. Das Papier der Kalender war schwer und auch auf der Rückseite glatt und glänzend, so dass meine Filzstifte darauf verschmierten, legte ich zu schnell die Hand auf das Bild. Aber dafür war die Zeichenfläche riesig; und ich konnte, und würde ungestört Stunden lang darauf malen.

Ich war auch sehr gut darin. Manchmal war ich etwas frustriert, wenn Oma aus Osnabrück zurückkam. Dort lebten mein Onkel und seine Familie. Oma brachte dann meistens ein Bild meiner Cousine Anke mit, die natürlich besser als ich malte – sie war vier Jahre älter. Aber das zählte für mich nicht, ich wollte auch so gut sein! Der künstlerische war mein einziger, mein großer kindlicher Ehrgeiz. Ich war auch in anderen Dingen gut, und als man mich in der Grundschule eine Klasse überspringen ließ – wozu ich hauptsächlich zustimmte, weil meine Eltern, die selbst Überspringer gewesen waren, so stolz und glücklich darüber waren –, da kam ich überall wie gewohnt zurecht; nur in zwei Fächern weniger gut als vorher: In Sport war ich plötzlich die Kleinste und manchen „Großen" körperlich unterlegen; und, weit schlimmer: In Kunst war ich nicht mehr die Beste. Das tat mir weh: dass Christian, der Österreicher, aus meiner neuen Klasse noch besser als ich malen konnte. Erst später, im Kunststudium an der Universität, konnte ich mir das vernünftig mit der Entwicklung des kindlichen Gehirns erklären. Wie „gut" in den Kinderaugen, und das heißt wie realitätsnah eine Kinderzeichnung ist, hängt nicht nur vom Talent ab, sondern auch von der altersgemäßen Entwicklung des Gehirns: Wie ein Kind seine Welt wahrnimmt und auffasst, spiegelt sich in seinen Zeichnungen wider, und um etwa Objekte oder Räume dreidimensional darzustellen, braucht es ein gewisses Abstraktionsvermögen, das ein Grundschulkind noch nicht hat.

Christian, der Österreicher, war einfach älter als ich gewesen – daher sein Vorteil. Aber damals, in der Schule, wo ich das nicht verstand, habe ich deshalb gelitten. So lange, bis mein zu junges Gehirn wieder auf einem Stand mit denen der Älteren war. In Klasse acht hatten wir Musik, keine Kunst; aber ab Klasse neun lief es in meinem Lieblingsfach plötzlich wieder bestens; an der Oberstufe wählte ich Kunst als Leistungskurs, um danach Kunst zu studieren – der „vernünftige" Pädagogikanteil des Studiums, der mich zum Lehramt befähigt hätte, war mir freilich völlig egal, ja eine störende Nebensache; es ging mir allein um das Kunstmachen. (Wann und warum ich davon abgekommen bin? Das ist eine andere Geschichte.)

Aber zurück zu Oma, in ihr Malzimmer. Wenn ich da saß, mit meinem Kalenderpapier und meinen Filzstiften, konnte ich mich und jeglichen Kummer meiner kindlichen Welt vergessen, während ich meine eigene bunte Welt entwarf; eine Welt mit Tieren, manchmal mit Schlümpfen, die auf Französisch stroumpfs genannt wurden, und Asterix, Obelix und Idefix waren natürlich auch dabei.

Die Dinge aus Opas Büchervitrine

Aber ich malte nicht nur bei Oma. Oft sahen wir uns gemeinsam die Fotoalben an, die Oma aus Opas Büchervitrine herausholte. Wieder und wieder konnte ich diese Fotos ansehen, von Oma und Opa, von meinem Vater als Kind, von seinen großen Geschwistern, Gudrun und Hartmut. Von anderen Verwandten, die ich kannte oder nicht; von Familienfesten; vom ersten Auto – einem VW Käfer; vom eigenen Haus, der Doppelhaushälfte, in der ich mich eben befand.

Manchmal, selten, verschwand eines der Bilder, so wie das von Opa im Sarg. So war es auch mit einem Foto, das mich, obwohl ich damals noch nicht sehr alt gewesen sein kann, dennoch befremdete, als ich begriff, was darauf zu sehen war. Es zeigte einen Raum mit vielen Menschen – mit vielen Männern, genauer gesagt. Sie standen in Reih und Glied vor den Stühlen, von denen sie sich erhoben hatten, und grüßten nach vorne – den Hitler-Gruß! Dabei war es nicht einmal Hitler, der vorne stand; aber das war egal, ich fragte Oma, warum die Leute den Hitler-Gruß machten. Sie wirkte vielleicht ein wenig verlegen, erklärte mir aber sachlich, Opa sei in einem Motorradclub gewesen, alle Vereine und auch dieser Club seien von der Partei zwangsvereinnahmt worden, und das sei eine Versammlung der Motorradfahrer gewesen. Sie blätterte weiter, und ich stellte, wiewohl noch am Grübeln, keine weiteren Fragen. Auch zu dem anderen, nur einmal gesehenen Foto, dem vom „Führer“ persönlich, den Oma oder Opa in Berlin fotografiert hatte, wo sie ja bis Kriegsende beheimatet gewesen waren, hätte ich vor allem später gerne mehr Fragen gestellt. Aber als ich weit genug für solche Fragen war, war es für Oma zu spät. Schade.

Wenn wir nicht zusammen Bilder anschauten, spielten wir. In Opas Vitrine gab es drei Spiele: Mensch ärgere dich nicht, Denk fix und das Affenkletterspiel. Alle drei haben wir ausgiebig zusammen gespielt, Oma und ich, an dem kleinen runden Tisch ihres Malzimmers, das wohl nur ich so nannte und in dem ich mich bei Oma zuhause fühlte.

Essen mit Oma

Was Oma gar nicht gern mochte, war kochen oder backen. Niemals hat sie das eine oder andere davon für uns getan. Die einzige von ihr selbst zubereitete Speise, die ich kosten durfte und allerdings lecker fand, war ihr Rhabarberkompott. Denn es gab Rhabarber in ihrem Garten, auch saure Äpfel, große Brombeeren und köstliche Mirabellen. Die Mirabellen hatten es mir besonders angetan, und ich konnte es stets kaum erwarten, endlich welche davon pflücken zu dürfen, herumkletternd in den Ästen des Baumes.

Aber gekochtes Essen gab es für mich bei Oma nicht; nur Frühstück. Manchmal, an Wochenenden, durfte ich morgens zu Oma hinüberlaufen, oft saß auch Tante Gudrun schon am gedeckten Frühstückstisch in Omas Esszimmer. In der Ecke neben dem Fenster stand ein altes Schränkchen mit eingeklappter Nähmaschine, doch die wurde niemals benutzt, auf dem Schränkchen standen Kaffeemaschine und Toaster. Es gab nämlich immer Toastbrot bei Oma zum Frühstück, mit Butter und Sauerkirschkonfitüre, der Marke Schwartau. Das Toastbrot bereitete Oma mir wie für sich selber zu (ich glaube, auch meine Tante hatte diese Methode übernommen): Sie bestrich das warme Brot mit schmelzender Butter und Konfitüre und zerschnitt es dann zu exakten Vierteln. Auf diese Weise aß sie genau zwei Scheiben Toast – nie mehr und nie weniger.

Zu Mittag gegessen habe ich zweimal im Leben bei Oma zuhause. Es gab Essen auf Rädern. Ich fand es großartig, diese seltsamen Gefäße, die man aufreißen musste, um darin einen Styroporteller mit verschiedenen Fächern und Gerichten zu entdecken. Mein Vater aß auch mit. Nicht, dass er nicht kochen konnte; er hatte nur keine Zeit. Das Essen auf Rädern gab es jedes Mal, wenn er aus dem Krankenhaus kam, wo meine Mutter sich eine Weile aufhielt. Nach dem ersten Essen auf Rädern sollte sie bald mit einem Brüderchen zurückkommen, nach dem zweiten mit einem Schwesterchen.

Verfrühter Abschied

Da Oma so gar nicht gern kochte, aber trotzdem mit uns essen wollte, lud sie uns zuweilen an Sonntagen ins Restaurant ein. Es war nicht immer dasselbe Lokal; im Laufe der Jahre probierten wir verschiedene aus. Wenn es einen gab, nahm Oma stets den „Seniorenteller". Als ob man Senioren essen sollte! Fragten wir, wie ihre Gerichte schmeckten, erhielten wir eine für uns unvorstellbare und schreckliche Antwort: Sie habe sowieso keinen Geschmackssinn mehr und es sei insofern egal, was sie esse. Ob sie wirklich gar nichts mehr geschmeckt hat?

Ein Restaurant, das wir zu einer gewissen Zeit besonders schätzten, war ein türkisches. Dort lernte ich mein erstes Baklava als Dessert kennen, gefolgt von einem sehr starken und süßen Mokka. Ich war kein Kind mehr, sondern ein Teenager, und kam über den Mokka auf den Geschmack von Kaffee. Und Oma? Sie war körperlich noch rüstig; doch auch sie wurde älter. Erstmals bewusst geworden war es mir in einer für mich und sie etwas schwierigen Situation; der schambehafteten Situation des Badens.

Eines Tages sagte mein Vater, Oma habe danach gefragt, ob ich ihr helfen wolle. Es gehe ihr um das Baden. Sie sei nicht mehr gelenkig genug, sich den Rücken alleine zu waschen. Am liebsten hätte ich nein gesagt. Oma im Bad? Ihr den Rücken waschen? Das war zu viel, zu viel Nähe, zu viel Körperlichkeit. Zu viel Schamgefühl: die eigene Oma. Und doch verstand ich: Sie hatte sich nicht getraut, mich persönlich zu fragen, wohl genau aus dieser schamvollen Befangenheit heraus, die ich nun selber verspürte. Sie war immer, wenn ich sie gebraucht hatte, für mich da gewesen; nun bat sie um meine Hilfe. Ich sagte ja.

Ich weiß nicht mehr, warum, aber ich musste ihr nur zweimal helfen; dann muss sie etwas anderes für sich gefunden haben. Wir taten beide so, als ob nichts Außerordentliches dabei wäre, und Oma erklärte, sie brauche mich nur für den Rücken, ich solle bitte warten und sie würde mich zu gegebener Zeit hereinrufen. Ich wartete also. Als sie mich rief, ging ich in das kleine Bad, das allein schon aufgrund seiner Enge eine merkwürdig intime Atmosphäre erzeugte. Oma saß in ihrem Schaumbad, die Knie angezogen und die Arme darumgelegt, den Rücken gekrümmt, den ich ihr waschen sollte. Während ich es tat, sah ich die vielen Falten und Runzeln auf ihrer zarten, nassen Haut; was mich am meisten erschütterte, waren aber die tiefen Kerben in ihren Schultern, wo die Träger des Büstenhalters sich mit den Jahrzehnten bleibend in ihren Körper hineingedrückt hatten. Das war das erste Mal, und auf seine Weise das letzte, dass ich Oma nicht als „Oma", sondern als Frau begegnete. Dass ich die Oma, die das Kind auf eine Art Podest gestellt hatte, als Mensch sah, in seiner körperlichen Fragilität. Und nicht nur Omas Körper begriff ich als etwas Verletzliches und Vergängliches. Hinzu kam bald ein schwerwiegenderes Problem: Oma bekam Alzheimer.

Zunächst merkte man davon wenig. Man konnte sich immer noch gut mit ihr unterhalten, auch wenn sie mehr und mehr dazu neigte, zweimal hintereinander das Gleiche zu erzählen. Es war in der Zeit, in der wir am liebsten türkisch essen gingen; und gerade hier, am Restauranttisch, konnten wir sicher sein, sie würde früher oder später auf ihre Arbeit als Fremdsprachensekretärin zu sprechen kommen, und zum Beweis ihrer unvergessenen Sprachfähigkeiten würde sie, wegen Alzheimer wiederholt, voller Stolz verkünden: „Yo parlo español." Zweimal derselbe Fehler; denn „ich spreche Spanisch" heißt „yo hablo español"; „parlo" ist Italienisch. Aber was machte das schon! Wir freuten uns bei jeder Wiederholung mit ihr über ihre etwas eigenwillig erinnerten Spanischkenntnisse.

Wir machten auch Ausflüge mit ihr; unsere letzte gemeinsame Reise mit Oma ging auf ihren Wunsch hin nach Bayern, zu den Königsschlössern. Am Morgen nach der Übernachtung in einem ländlichen Ferienhaus war mein Vater ganz verstört. Verstohlen und ohne dass Oma es mitbekommen sollte, erzählte er uns, wie er als letzter am Vorabend noch ferngesehen hatte; da war Oma im Nachthemd aus ihrem Zimmer gekommen, hatte ihn groß angesehen und gefragt: „Kennen wir uns?“ Sie brauchte ihre gewohnte Umgebung. Sie brauchte ihre Wohnung, um sich und ihre fragmentierte Erinnerung an dem Vertrauten festzuhalten.

Die Krankheit schritt fort; und letztlich haben wir, habe ich Oma verloren, bevor sie gestorben war. Noch vor Ende ihres Lebens war sie nicht mehr sie selbst.

Die Frau in Oma

Aber wer war Oma gewesen – die Frau aus der Wanne, Oma, der Mensch?

Das erste Foto, das von ihr gemacht wurde, verrät, wie ich finde, einiges über Oma als Kind. Es ist eines jener typischen Bilder, mit denen einst der Familienzuwachs der Welt der Verwandten und Bekannten präsentiert wurde, ein Portrait des Babys im Hemdchen. Meine Urgroßeltern – der Angestellte bei der Reichsbahn und seine Gattin – sind dafür, wie damals unter den Gutbürgerlicheren üblich, beim Fotografen gewesen, E. Röttger aus Recklinghausen. So steht es im Goldprägedruck auf der dicken dunkelgrauen Pappe, auf die das dünne Papierbild aufgeklebt ist. Das Baby sitzt; der Ärmel des weißen Spitzenhemdchens ist von seinem rechten Arm heruntergerutscht. Das Kind hat schon so viele dunkle Haare, dass sie ihm seit-

lich aus der Stirn gestrichen sind; seine Augen unter den feinen Augenbrauen sind noch dunkler als das Haar. Was mich aber an dem Portrait fesselt, und schon von klein auf gefesselt hat, ist etwas am Ausdruck. Dieses Baby lacht nicht, es sieht auch nicht besonders neugierig aus. Es wirkt so, als habe es eine unruhige, vielleicht erschreckte Bewegung gemacht, denn der vom Hemdärmel entblößte Arm ist etwas vom Körper weg und nach oben gehoben; besonders aussagekräftig ist jedoch die Mimik, ein leicht offener Mund unter etwas unsicher aussehenden, zur Seite blickenden Augen. Für mich hat dieses niedliche, aber verletzlich wirkende Baby etwas Rührendes an sich; und vielleicht ist auch Oma, die Frau, tief im Inneren weniger heiter, als verletzlich gewesen?

Sie lebte längst nicht mehr, als ich meine Promotion abschloss. Das hätte ihr gefallen! Sie war etwas dünkelhaft gewesen und hatte Wert auf Titel und Status gelegt. Denn nicht nur ein Kind ihrer Zeit war sie gewesen, die allgemein mehr auf Titel und Würden hielt als die heutige; sie war auch das Kind eines Alkoholikers gewesen und einer Mutter, die sich früh von diesem unhaltbaren Gatten und Vater ihrer beiden Töchter hatte scheiden lassen. Damals enorm! Ohne Vater, vermutlich von manchen aufgrund der Familienverhältnisse scheel angesehen, hatte Oma sich in ihrer Geburtsstadt Essen hochgearbeitet, war dank ihres Sprachtalents Fremdsprachensekretärin geworden, nach Berlin gezogen, um dort zu arbeiten, und hatte da ihren künftigen Mann kennengelernt. Sie wollte heraus aus wenig glücklichen Verhältnissen, sie wollte einen gesicherten, einen guten Stand – und sie ließ sich beeindrucken von denen, die etwas erreicht hatten.

Sie selbst war einerseits hypernervös, ja zur Hysterie neigend gewesen (sagte meine Tante Christine; ich selbst habe sie nie hysterisch erlebt); andererseits besaß sie, wenn es darauf ankam, Mut, Geistesgegenwart und Entschlusskraft. Auch brauchte sie das, als sie Ende des Krieges als Hochschwangere beschloss, um dem Bombardement von Berlin zu entgehen, mit ihren kleinen Kindern nach Büste zu gehen. Allein; Opa arbeitete bis Kriegsende weiter. In Büste, diesem kleinen altmärkischen Ort, war Opas großer Bruder, Gerhardt, Pfarrer gewesen; allerdings war Gerhardt zu der Zeit bereits tot, und im Pfarrhaus lebten nur noch seine Witwe und seine Schwiegermutter sowie, wenn der zu Hause war, sein großer Sohn, noch ein Gerhardt. Zu diesen Leuten kam Oma also gleichsam als alleinerziehende Mutter – und willkommen war sie im Pfarrhaus nicht. Insbesondere der alten Schwiegermutter war der ungewollte Besuch derart zuwider, dass sie Oma und ihre Kinder jedes Mal, wenn sie sie ansah oder an ihnen vorbeistreifte, zischend beschimpfte als: „Pack! Pack!" Kurzum, im Pfarrhaus konnte Oma mit den Kleinen, Gudrun und Hartmut, nicht bleiben, und so war sie dankbar für das Ausweichquartier, das sie im Bauernhof gegenüber des Pfarrhauses fand, in einem alten, längst nicht mehr bewohnten und eigentlich unbewohnbaren Teil des Gehöfts, ohne fließend Wasser und ohne Strom.

Eines Tages ging Oma in ein einsames Waldstück, um Brennholz zu sammeln, für den alten Herd. Es muss nach dem achten Mai, der bedingungslosen Kapitulation der Wehrmacht, gewesen sein, denn plötzlich stieß sie auf einen russischen Soldaten. Oma war eine große, aparte Frau, mit dunklen Haaren und Augen und hohen Wangenknochen. Sie hatte große Angst, die sie beherrschen musste – allerdings war diese Angst dann gar nicht nötig: Der Soldat wies auf den Hochschwangerenbauch und gab in gebrochenem Deutsch zu verstehen, dass eine Frau in Omas Zustand ein Buch lesen solle, statt zu arbeiten. Und er sammelte das Holz für sie und trug es in ihre Unterkunft.

Ihr Kind kam am zweiten Juni neunzehnhundertfünfundvierzig zur Welt, nachts – dieses Kind war mein Vater. Eine Hebamme half bei der Geburt; außerdem war Omas Mutter anwesend, denn sie hielt, da es kein elektrisches Licht gab, eine Öllampe in die Höhe, in deren Licht die Hebamme ihrer Arbeit nachgehen konnte. Drei Tage später teilten die Alliierten Deutschland in vier Besatzungszonen auf. Und irgendwann gegen Herbst desselben Jahres kam es zu einer weniger glimpflichen Begegnung mit einem russischen Soldaten. Diesmal war Oma allerdings nicht allein; Opa war auch da. Der Soldat war betrunken und galoppierte auf seinem Pferd die Dorfstraße herunter, so wild, dass Opa Angst bekam, er würde sein Baby zertrampeln, das eben auf der besagten Dorfstraße spielte. Also schmiss er sich zwischen das Kind und das Pferd, woraufhin er selbst niedergerissen wurde. Als Opa mit Rippenbrüchen ins

Krankenhaus kam, entdeckten die Ärzte, dass er auf der einen Seite eine Rippe mehr als auf der anderen hatte; aber dies nur am Rande. Für Oma und Opa wurde die Lage jedenfalls, wie sie es beide empfanden, brenzlig. Sie beschlossen, nicht in der russischen Besatzungszone zu bleiben, sondern zu fliehen, Richtung Westen. Sie unternahmen diese Flucht im Winter, zwischen den Jahren neunzehnhundertfünfundvierzig und -sechsundvierzig.

Und dabei kam es zu einer Begegnung diesmal mit amerikanischen Soldaten. Die hielten die flüchtende Familie an; und das Beängstigende war: Im Kinderwagen bei dem Baby lag versteckt ein einfaches altes Luftgewehr. Doch jegliche Waffe war den Deutschen verboten. So verwickelte Oma die Soldaten – auf gepflegtem Englisch, natürlich – in ein Gespräch und bot ihnen russische Zigaretten an. Es funktionierte; die Amerikaner liebten russische Zigaretten und ließen Oma, Opa und ihre Kinder, ohne den Kinderwagen durchsucht zu haben, ungeschoren davonziehen.

Keine dieser Begebenheiten hat Oma mir selber erzählt, ich weiß das alles von meinem Vater. Ich habe ihr auch keine persönlichen Fragen gestellt – ich habe sie zu früh verloren, um ihr auf der Augenhöhe Erwachsener neu zu begegnen. Nur einmal habe ich einen unmittelbareren Einblick in ihre verborgene Gefühlswelt getan. Es war nach ihrem Tod; die alten Fotoalben und andere Dinge aus Opas Büchervitrine nahm mein Vater an sich. Beim Umherräumen fiel aus einem Album ein Brief, den ich aufhob und halb gedankenlos öffnete. Er war in Sütterlin geschrieben und für mich in weiten Teilen kaum zu entziffern. Nur so viel verstand ich, dass der Brief von Oma verfasst und an Opa adressiert war; warum sie getrennt gewesen waren, weiß ich nicht, doch vor Opas Abreise hatte es einen Streit gegeben und Oma sehnte sich nach einer Versöhnung.

Der Brief einer ängstlich liebenden Frau. Ich hätte ihr gerne zugehört und sie in die Arme genommen – wäre sie mir nicht zugleich so fremd gewesen. Diese Frau habe ich nie gekannt. Auch schloss ich den Brief schnell wieder. Jeder hat ein Recht auf seine Intimsphäre; die Verstorbenen, und gerade die Großeltern, auch.

Vom Ende alles Schwimmens und Pendelns

Das Grab meiner deutschen Großeltern existiert noch, auf dem Friedhof der Stadt, in der sie lebten. Unserer Stadt; meiner Elternstadt. Es ist nicht selbstredend, dass es das Grab mit dem grauweißen Marmorstein, den eisernen Lettern daran und der immergrünen Bepflanzung noch gibt; es ist noch nicht lange her, dass mein Vater, als letzter seiner Geschwistergeneration, darüber entscheiden musste, ob es eingeebnet oder für seinen weiteren Erhalt bezahlt würde. Mein Vater hätte es nicht über das Herz gebracht, die Reste seiner Eltern beseitigen und ihren letzten Ort verschwinden zu lassen. Es ist auch das Grab seiner Eltern, das ihn – und noch uns, mich und meine Geschwister – mit ihrer Stadt greifbar verwurzelt.

Da meine Eltern beide seit Jahren verwaist sind und keine Eltern mehr haben, haben sie selbst schon diese Frage gestreift, über die man nicht ernsthaft nachdenken will: Wo will ich selbst einmal bestattet werden? Diese Frage zu beantworten, ist für meine Eltern nicht einfach. Soll jeder der beiden in seinem Geburtsland beigesetzt werden, meine Mutter in der bretonischen Gruft ihrer Familie, mein Vater im deutschen Grabplatz der seinen? Oder wollen sie nach dem Tod vereint bleiben? Aber dann, in welchem Land? Und auch für mich gilt: Zwei Heimaten haben, zwischen zwei Kulturen pendeln, kann man de facto nur lebend. Im Tod, für den Tod muss man sich am Ende für eine Seite entscheiden. Verrat eines ganzen Lebenskonzepts.

Mamie und Papy oder die bretonischen Großeltern

Die Boucherie

Sie sahen mich das erste Mal, als ich drei Monate alt war. An einem Nikolaustag wurde ich geboren; meine erste Reise in die Bretagne fand in den Osterferien darauf statt. Ich war das erste Enkelkind meiner bretonischen Großeltern. Es gibt Fotos von uns, allerdings aus dem Sommer, das nun halbjährige Kind im hellblauen Strampelanzug in Mamies Armen, Papy daneben, in ihrer Boucherie – der auf Rindfleisch spezialisierten Metzgerei, die sie damals betrieben. Sie sehen so jung aus. Sie waren jung: Siebzehn Jahre nach Oma wurde Mamie geboren, der Abstand zwischen den Großvätern sind zwanzig. Anders als Oma, die immer zuhause war oder mal auf Kulturreisen, standen Mamie und Papy voll im Berufsleben, als ich zur Welt kam; und das sollte für Jahre so bleiben.

Deshalb sahen wir sie oft in der Boucherie. Sie hatten noch ein anderes, ein neueres Haus, in dem sie wohnten; doch früher hatten sie mit ihren drei Kindern wirklich in dem kleinen alten

Haus gewohnt, dessen Hauptraum im Erdgeschoss die Boucherie war. Es war ein Bruchsteinhaus, zweistöckig, zwischen höheren, verputzten Häusern, das rechte daneben war Germaines Bar, an einem kleinen Platz im Zentrum der Stadt gelegen. Nebst der kleinen Metzgerei mit abgetrenntem Kühlraum gab es im Erdgeschoss noch eine winzige Küche und im ersten Stock zwei Räume, die nicht mehr bewohnt wurden.

Wir Kinder liebten es, in die Boucherie zu gehen. Wir stritten uns um den für uns turmhohen Hocker mit dem rotledernen Sitz, auf den wir abwechselnd klettern durften. Von dort aus konnte man so schön Mamie beim Hantieren an der Kasse zusehen, oder die Kunden betrachten, oder Papy hinter der Kühltheke zuschauen, wie er geschickt mit den großen, gefährlichen Messern hantierte. Wenn er Steak haché machte, lohnte es sich aber näherzugehen, um den faszinierenden Prozess genau zu verfolgen: wie Papy die Stücke roten Fleischs durch den Wolf drehte, sodass es unten in langen Fäden herauskam; die fing Papy mit einer ovalen Blechform auf, auf deren Boden ein passendes Stück Ölpapier gelegt war; war die Form voll, legte Papy ein entsprechendes Papier oben auf und presste das Hackfleisch zusammen, mit einem dafür gemachten Deckel. Zuletzt nahm er aus der Blechform heraus – ein perfekt ovales, genau richtig dimensioniertes Steak haché! Anders als deutsche Bouletten oder ähnliches übrigens vollkommen ungewürzt und aus reinem Fleisch, ohne streckende Zusätze.

Steak haché mochte ich gerne essen, anders als Steak: das fand ich als Kind zu schwer zu kauen. Dann spuckte ich heimlich das mir Unzerkaubare wieder aus und ließ es auf den Boden der Küche fallen, wo wir werktags manchmal mit Mamie und Papy zu Mittag aßen. Rückblickend rechne ich es meinen Großeltern hoch an, dass sie meinen Eltern nie etwas von den ekligen Fundstücken verraten haben.

Manchmal, zu kälteren Jahreszeiten, war es für mich ein besonderes Fest, in der Küche der Boucherie zu essen: wenn Mamie Pot-au-feu machte. In ihre marmite, einen riesigen Kochtopf, tat sie Rindfleischstücke und dazu Möhren, Zwiebeln, Lauch, Kartoffeln und Weißkohl. Der Eintopf köchelte Stunden lang – die kleine Küche war voller Dampf – und reichte für mindestens zwei Tage und viele Menschen. So kamen nicht nur wir zum Essen, sondern mein Onkel Philippe oder andere Verwandte stießen dazu. Dicht an dicht saßen wir dann am Küchentisch und ließen es uns schmecken; und ich glaube, einen gemütlicheren Raum zum Essen als die so kleine, aber so gesellige Küche der Boucherie kann ich mir bis heute kaum vorstellen.

Nach dem Essen oder auch sonst, wenn meine Eltern sich mit Mamie und Papy unterhielten, erbaten mein Bruder und ich die Erlaubnis, nach oben zu gehen, in den ersten Stock. Das waren spannende Erkundungsreisen! Denn die Zimmer oben wurden zwar nicht mehr bewohnt, waren aber voller seltsamer Dinge und Möbel. Diese Möbelstücke waren zu groß für die kleinen Räume, zu wuchtig, zu prächtig. In dem einen Raum stand eine Art Büffet, mit einer Platte ganz aus rotem Marmor. Darauf stand eine Figur, aus schwerer Bronze, die ich wieder und wieder ansehen musste: ein Ritter auf seinem wilden Pferd, mit wehender Fahne in der einen Hand, in der anderen sein langes Schwert. Aber eines Tages erklärte man mir, dass es gar kein Ritter war, sondern Jeanne d'Arc. Eine Ritterin also. Doch das war mir letztlich egal; das sich aufbäumende Pferd war es, das es mir angetan hatte.

Der Rest des Büffetraums wurde fast komplett ausgefüllt durch einen großen Tisch, aus dunklem Holz mit geschnitzten Verzierungen an seinen Beinen. Der Tisch war so groß, dass es mir eines Tages eine Idee gab, und ich bat meinen Vater darum, meinem Bruder und mir Tischtennisschläger und -bälle zu kaufen. Als Netzersatz legten wir, nicht ganz optimal, eine zusammengeschobene Tischdecke über die Mitte der Tafel, und so spielten wir fortan Tischtennis, unter den bronzenen Augen Jeanne d'Arcs und ihres schönen wilden Pferdes.

Ich liebte das Pferd, aber noch mehr liebte ich natürlich die Katzen. Denn die waren echt und gehörten zwar nicht alle Mamie und Papy, besuchten aber zahlreich sowohl die Boucherie, wie auch das Wohnhaus meiner Großeltern, um schnurrend Futter und Streicheleinheiten zu schnorren. Es machte mich glücklich, die Katzen zu streicheln.

Ali Babas bretonische Wunderhöhle

Als meine Großeltern mit ihrer Arbeit in der Boucherie aufhörten, taten sie es aus Altersgründen und weil die Konkurrenz durch die Supermärkte zu erdrückend geworden war. Allerdings leugnete Papy immer, dass das so bleiben würde; eines Tages, sagte er, würden die Kunden zurückkommen in die kleinen Boucherien, um dort lieber Qualitätsfleisch als Billigware zu kaufen. Mit Blick auf heutzutage hatte er recht – würde er noch leben und arbeiten, es gäbe für ihn wieder Stammkunden.

Wobei, die hatten meine Großeltern bis zur Schließung der Boucherie auch; nur mussten sie sich um sie bemühen. Ihren Kunden zuliebe machten sie auch am Sonntagvormittag auf, weil immer nochmal jemand kam, um etwas vordem Vergessenes bei ihnen zu kaufen. War es die warme Jahreszeit, fuhren meine Großeltern am Sonntagnachmittag dann ans Meer. Der einzige Ort, an dem Papy sich entspannen konnte. Und auch für Mamie, der das Meer weniger wichtig war als ihrem Mann, war es der einzige freie Nachmittag in der Arbeitswoche. Im Vokabular unserer heutigen Zeit würde man sagen: Meine Großeltern waren kundenfreundlich, einsatzbereit und flexibel. Was die Kunden außerdem an sie band, war aber: Sie waren echte Charmebolzen. Sie waren nicht nur gutaussehend, sondern hatten beide Charme und Esprit. Die Leute kamen auch gerne zu ihnen, um zu plaudern und zu lachen, vielleicht ein wenig mit ihm oder ihr zu flirten, durchaus. Sicher war auch ihr Fleisch erste Klasse – das war für Papy eine Frage der Berufsehre. Aber wenn meine Großeltern und ihre Boucherie so stadtbekannt waren, dass man noch immer Menschen begegnet, die ausrufen: Ach ja, die kannte ich, dann liegt das an ihrer unvergessenen Ausstrahlung.

Als wir erfuhren, sie würden mit der Arbeit aufhören, begriffen wir nicht sofort, was das in letzter Konsequenz bedeutete: den Verkauf der Boucherie. Des Hauses, das ich besonders liebte. Doch so war es, die alte Boucherie wurde verkauft und umgewandelt und ist noch heute ein Waschsalon. Ich habe ihn nie betreten.

Die Möbel und Dinge aber, und zwar alle, die benutzten aus dem Erdgeschoss und die unbenutzten aus der ersten Etage, wanderten aus der Boucherie in das andere, das Wohnhaus, und da in den großen Keller. Meine Großeltern konnten nichts fortwerfen. Ihr Keller wurde, wie mein Onkel Philippe einmal sagte, la cave d'Ali-Baba – Ali Babas Wunderhöhle. Man konnte dort alles nebeneinander finden, die kostbarsten und die wertlosesten Dinge. Dinge, mit denen wir uns erst später befassen mussten, als auch das Wohnhaus zu leeren war. Dinge, die mit ihren Familiengeschichten noch zwei Jahrzehnte lang schlummern sollten in Ali Babas bretonischer Wunderhöhle.

Liebe geht durch den Magen

Das Wohnhaus meiner Großeltern war das, in dem wir in den Ferien wohnten, bevor es unser Landhaus gab. Es blieb auch das Haus, das wir, kaum angekommen in der Bretagne, als erstes betraten, sogar als wir schon unser Landhaus hatten. Denn bis es ihr zu anstrengend wurde, kochte Mamie für uns am Ende unserer langen Anreisetage. Was waren wir froh, wenn wir völlig übermüdet endlich das großelterliche Wohnhaus betraten! Wir gingen sofort in die Küche und setzten uns an den runden Tisch; der Esstisch im Salon war festlichen Anlässen vorbehalten. Wobei, freilich war unsere Ankunft ein Fest für Mamie und Papy. Nur, wer für spätabends kocht, denkt pragmatisch. Es ist einfacher, direkt vom Herd aus die warmen Speisen zu servieren. Denn dass wir, wie in Deutschland, Brot mit Käse und Aufschnitt kredenzt bekommen hätten, stand außer Frage. Egal, dass wir mittags im Restaurant gewesen waren, uns erwartete ein Menu mit den üblichen drei bis vier Gängen: Eine Suppe oder andere Vorspeise, ein Fleisch- oder Fischgericht, Käse für den, der wollte, und dann Dessert.

Besonders mochte ich als Kind die tiefen Teller, in denen Mamie ihre Gemüsesuppe servierte. Sie waren eierschalenweiß, aber auf den Tellergrund war blau umrissen eine Landschaft gezeichnet. Löffelte man die Suppe daraus, würde mehr und mehr von der Landschaft erscheinen – Bäume, eine Windmühle, eine kleine Kutsche mit Pferden.

Mamie war eine erstklassige, völlig intuitive Köchin, die sich nie wortgenau an Rezepte hielt oder Gerichte improvisierte, die ihr später nie wieder genauso gelingen würden. So schwärmte Papy noch in hohem Alter von dem famosen und unvergesslichen pâté, den sie einmal nur fabriziert habe – und dann nie wieder eine Fleischpastete, die genauso phänomenal köstlich gewesen wäre!

Gewiss machten wir Ausflüge mit Mamie und Papy oder besuchten mit ihnen weitere Verwandte; aber ein bleibender, wichtiger Anlass unserer Treffen war das gemeinsame Essen. Wir luden sie ein, und sie uns, unbedingt – weil Liebe ja durch den Magen geht, was Mamie und Papy nie sagten, aber zeigten, gründlich und kontinuierlich. Manchmal luden sie uns sonntags ein. Dann gab es, auf unseren ausdrücklichen Wunsch hin, als Hauptgericht des Sonntagsmenus Brathähnchen und dazu Mamies legendäre Pommes de terre sautées. Die fertigte sie so an: Am liebsten nahm sie Kartoffeln der Sorte Bintje dafür. Die schälte sie und schnitt sie in mundgerechte Stücke. Ungekocht gab sie sie in einen Topf, und dazu – und nun kommt das Entscheidende – riesige Mengen bretonischer Salzbutter. Darin wurden die Kartoffeln auf kleiner Flamme ganz langsam durchgegart. Ab und zu wurden sie durchgerührt, so dass sich während des Garungsprozesses köstliche braun-buttrige Krusten bildeten. Ein Hochgenuss – ich kenne niemanden, der diese Kartoffeln probiert hätte, ohne ihnen sogleich zu erliegen.

Mamie konnte auch köstlichen Milchreis bereiten, bretonischen Far, eine im Ofen gebackene Mehlspeise, und unvergleichliche Kuchen. Als sie es zu ermüdend fand, die großen Sonntagsessen zu machen, fanden meine Großeltern eine Alternative, um uns ihre Liebe weiterhin durch den Magen gehen zu lassen: die außergewöhnlichen Dessert-Abende. Es wurde im Vorfeld betont, es werde „nur“ ein Dessert geben – nicht etwa ein ganzes Abendessen. Aber „nur ein Dessert“! Als ersten Dessertgang würde es besagten Far geben, mit Pruneaux, Trockenpflaumen, darin. Da die irdene Backform groß war und der Far aufgegessen werden sollte, bekam man von der nahrhaften Leckerei gleich mehr als ein Stückchen. Dem folgte ein ganzer Mamie-Kuchen, und dann noch ein zweiter hinterher oder zumindest ein gekaufter; und weil das immer noch nicht genug war, gab es abschließend Eis. Das war nicht hausgemacht, aber es gab zwei Sorten, von der eine Kaffee sein musste, weil Mamie Kaffee liebte.

Wir stöhnten und ächzten, wenn wir förmlich aus Mamies und Papys Haus herausrollten – auf unseren kugelrund vollgefressenen

Bäuchen. Danach war es schwer, im Bett eine Position zu finden, in der die Magenkugel nicht zu sehr gedrückt wurde. Etliche Male beschworen wir Mamie und Papy, zumindest einen der Dessert-Gänge wegzulassen. Vergeblich! Drei Gänge waren nicht genug für ihre Liebe.

Fotografische Hinterlassenschaften

Es ist etwas anderes, die Großeltern mit der Familie, den Eltern und Geschwistern, zu besuchen oder allein. Eines Tages, als junge Erwachsene, war ich mit dem Fahrrad unterwegs. Ich fuhr den Nantes-Brest-Kanal entlang, auf dem einstigen Treidelweg, wo schwere Pferde die Kanalkähne zogen. Der Kanal verläuft südlich des Dorfs meines Elternhauses und der Großelternstadt und verbindet beide Orte auf eine für Radfahrer höchst angenehme Weise: Am Kanal ist kein motorisierter Durchgangsverkehr erlaubt, und das Gewässer, das sich aus natürlichen Flussläufen speist, durch von Menschenhand ausgehobene Teilstrecken verbunden, bietet mit seinen pittoresken Windungen, den alten Schleusen und Brücken und der schönen, üppigen Vegetation, die sich noch einmal auf der Wasseroberfläche spiegelt, einen zugleich belebenden und beruhigenden Genuss für die Sinne.

Ich fuhr also am Kanal entlang, in Richtung der Stadt meiner Großeltern; ich hatte bereits eine große Tour hinter mir, da dachte ich, zur Abwechslung könntest du noch den Schlenker hoch in die

Stadt machen. Ich tat es und besuchte Mamie und Papy, die über den erhitzten und verschwitzten Überraschungsbesuch sichtlich erfreut waren. Ab da fing ich an, meinen Großeltern als Erwachsene neu zu begegnen.

Was sie schon immer gerne getan hatten, wie Oma auch, war das Zeigen und gemeinsame Anschauen ihrer Fotoalben. Ein Unterschied zu Oma war, dass es bei Mamie und Papy nicht nur alte Alben waren, sondern auch neue; zeitlebens hat Papy gern und regelmäßig fotografiert. Doch gerade die alten Familienalben betrachtete ich nun mit neuem Interesse und einer bestimmten Absicht. Die Fotos aus dem frühen und mittleren zwanzigsten Jahrhundert waren winzig klein, genauso groß wie die damaligen Negative, etwa vier auf fünf Zentimeter. Ich begann, eine Auswahl besonders schöner oder bedeutungsvoller Aufnahmen mit meiner Digitalkamera abzufotografieren, um sie neu und vergrößert abziehen zu lassen. Mamie und Papy waren begeistert!

Auch griff Papy die Idee mit dem Vergrößern bald auf. Nur dass er nicht abfotografierte. Zwar hatte er einen digitalen Fotoapparat, den wir ihm geschenkt hatten; ganz angefreundet damit hat er sich jedoch nie. Zu viele Programme, zu viele Knöpfe, beschwerte er sich; und als ich nach seinem Tod die Bilder seiner Fotokarte auf meinen Rechner kopierte, berührte es mich komisch und schmerzlich zugleich, zwei versehentlich gemachte Tonaufnahmen darunter zu finden. (Offenbar konnte sein Fotoapparat das, Ton ohne Bild.) In der ersten Aufnahme ist über eine halbe Minute lang zu hören, wie meine Mutter, meine Schwester, Mamie und ich mit vielen, tatsächlich typisch französischen Ahs uns Ohs ein Foto bewundern, das Papy uns eben gezeigt haben muss. Die zweite Aufnahme ist nur ganz kurz. Man hört seine Stimme genau zwei Silben betonen: „Mer-de!“

Kurzum, um noch mehr alte Fotos zu vergrößern, bediente Papy sich nicht des tückischen digitalen Apparats, sondern nahm die Originale mit in den größten Supermarkt der Stadt, wo es einen Farbkopierer gab, mit dem er offenbar klarkam. Seine Auswahl erfolgte systematisch, die Präsentation der Kopien wie der Originale in akribischer Ordnung. Seine Fotos waren ihm heilig – Zeugnisse seiner Familie und seiner selbst. Künftige Hinterlassenschaften. In den letzten Jahren seines Lebens muss er viel Zeit mit ihnen verbracht haben. Er muss das Haus durchsucht und Fotos gefunden haben, die nicht in den bekannten Alben eingeordnet gewesen waren, vermutlich aus dem Nachlass seiner Mutter. Fotos seiner Familie aus den zwanziger, dreißiger Jahren, die er gleichfalls größer kopiert hat. Er ordnete alles in Mappen an, die er detailliert beschriftete – mit Daten und Namen, mit Orten und Anlässen, wenn er sie noch erinnerte. Er wollte, dass das alles nicht mit seinem Ableben aus dem Gedächtnis der Familie verschwand. Zu seiner Nachfolgerin und Hüterin des fotografischen Nachlasses bestimmte er sein ältestes, ihm gedanklich ähnlichstes Kind – meine Mutter. So befindet sich Papys Familienarchiv heute in meinem bretonischen Elternhaus.

Am Meer. Papys Mutter und seine Geschwister Mimi und Auguste (sitzend)

Das Kalb in der Ente und andere Fahrtengeschichten

Da Mamie und Papy Fotos liebten, schickte ich ihnen ab und zu welche aus Deutschland: von mir mit Hund, von mir mit Freunden, von mir mit meinen Eltern... Das mag selbstverliebt klingen, aber es war das, was sie freute: Bilder der fernen Enkelin, die auf diese Weise Präsenz gewann. Die man zeigen konnte, Verwandten und Bekannten: Seht, das ist unsere älteste petite-fille, in Deutschland. Ausgehend von diesem französischen Wort, das wörtlich übersetzt „kleines Mädchen" bedeutet, auf Französisch aber für die Enkelin steht, sollte Mamie übrigens ein besonderes Spiel entwickeln, war ich mit ihr leibhaftig unterwegs in der Bretagne. Trafen wir auf Bekannte von ihr, stellte sie mich stets voller Stolz und schelmischem Witz mit den Worten vor: „Voilà ma petite-fille", wobei sie das Wort petite, klein, betonte – und dabei demonstrativ von ihren knapp ein Meter fünfzig zu meinen eins achtundsechzig hochsah. Stimmt, für bretonische Verhältnisse bin ich recht groß.

Doch zurück zu den Fotos, die ich meinen Großeltern schickte. Die befanden sich alle, griffbereit aufgehoben, im Büffet ihrer Küche, als ihr Haus dann entleert wurde. Dabei waren auch meine Postkarten. Die hatte ich nicht aus Deutschland geschickt. Zwei Jahre lang hatte ich ein Stipendium gehabt, es war eine Auftragsarbeit gewesen; ich sollte ein Buch schreiben, eine Kulturgeschichte der europäischen Trauerkleidung, und finanziert wurde das durch die Vereinigung der Deutschen Bestatter. (Die Bestatterwitze der Vorstandsmitglieder, die ich in Düsseldorf kennenlernen durfte, werden mir auf ewig unvergesslich bleiben.) Zwei Jahre lang durfte ich also zum Forschen europäische Museen bereisen. Und von jeder der bereisten Städte schickte ich Mamie und Papy eine Postkarte. Ob London, Wien oder Paris: Gedanklich konnten sie mitreisen. Das taten sie gerne; denn körperlich reisten sie so gut wie nie. In früheren Zeiten waren sie im Sommer mal mit den Kindern in Argelès gewesen, im Süden, an einer anderen als der atlantischen Küste; oder sie hatten Familie in Paris besucht. Doch das war lange her, und seitdem ich auf der Welt war, waren sie wohl immer zuhause gewesen. Es kam vor, dass sie Ausflüge machten – aber Reisen, soweit ich weiß, nie.

Dabei waren sie früher einmal, von Berufs wegen, auf ihre Weise mobil gewesen. Bevor sie in der Boucherie arbeiteten. Da hatte Papy mit seinen Brüdern, Auguste und Joseph, ein Unternehmen gehabt. Sie hatten es von ihrem Vater übernommen und dazu gehörten der Handel mit Vieh, das Schlachten und der Verkauf des Fleisches. Da Papy der Jüngste und deutlich jünger als die älteren Brüder war, war er zwar nominell zu einem Drittel Chef, faktisch jedoch hatte er kaum etwas zu sagen. Die Zügel in der Hand hatte nicht etwa Auguste, der erstgeborene Bruder, gutmütig und drüsenkrank, sondern der mittlere, Joseph, der schneidige Kriegsheld. Der schickte Papy hierhin und dorthin, um Tiere oder Fleisch zu bringen oder zu holen; oft bis nach Paris, und kaum, dass Papy zurück war, musste er gleich wieder in andere Richtungen aufbrechen. Das Fahren an sich lag ihm und er hatte genug Abenteuerlust in sich, um gerne etwas mehr von der Welt zu sehen; doch das pausenlose Herumreisen und das Aus- und Entladen schwerer Fracht erschöpften ihn, und er sagte mir oft, dass er lieber mehr Zeit mit seiner Familie verbracht hätte.

Bevor die Kinder da waren, fuhr Mamie manchmal mit. So teilten die beiden eine Erinnerung an eine Nacht, in denen ihnen irgendwo im Niemandsland, in der Mondlandschaft der Monts D'Arrée mit ihrer kargen Heide und den gezackten Bergkämmen, die wie die Rücken liegender Drachen aussehen, der Treibstoff ausging. Es war nicht lange nach dem Krieg, und Treibstoff war knapp.

Mamie musste alleine im Lastwagen bleiben, während Papy zu Fuß mit dem Kanister losmarschierte, in der Hoffnung, etwas von dem raren Gut aufzutreiben. Im Morgengrauen kam er zurück, mit vollem Kanister; aber Mamie hatte kein Auge zugetan, voller Sorgen und Angst.

Lieber erinnerte sie sich an eine lustigere Geschichte, mit ihrer Deux-chevaux, ihrer Ente. Denn auch Mamie hatte den Führerschein, was für eine Frau ihres Jahrgangs unüblich war. Ihre Prüfung hatte sie übrigens so abgelegt, dass sie einmal um die Place de la Mairie, den Rathausplatz, hatte fahren müssen. Das war ihr gelungen, und so durfte sie fortan fahren. In der Ente war sie mit ihrem kleinen Sohn unterwegs, und mit einem Kalb. Das musste sie irgendwohin an die Küste bringen. Das Kalb hatte gar keine Lust auf die Autofahrt. Wiederholt stieß es mit den kleinen Hufen gegen die Kofferraumklappe; die Rückbank der Ente war herausgenommen worden und das Tier befand sich zwischen der Lehne der durchgehenden Fahrersitzbank und der besagten Heckklappe. Die plötzlich aufging, denn der kleine Philippe rief aus: „Oh, das Kalb", und schon war das Jungtier aus dem Wagen gesprungen! Zum Glück fuhr Mamie nicht schnell über die kurvigen Landstraßen. Das Kalb war unverletzt; sie und Philippe konnten es wieder einfangen und zurück in die Ente bugsieren.

Der weiße Clio

Autos waren Mamie und vor allem Papy von jeher sehr wichtig. Eben von Berufs wegen; und dass Papy schon als ganz junger Mensch fahren konnte, hatte ihm, als Besatzungssoldat in Baden-Baden, den angenehmen Posten des Chauffeurs der Kommandantengattin eingebracht. Es gibt noch ein Foto von dem jungen Mann in der Uniform eines französischen Alpenjägers, mit seinen unbändigen schwarzen Locken, dem energischen Kinn und dem intensiven Blick, wie er lässig auf dem rechten Kotflügel des schwarzen Mercedes Benz Typ 170 V sitzt. Und schon sein Vater, mein Urgroßvater, war aus Berufsgründen ein Fahrer gewesen und hatte als einer der ersten überhaupt in seiner Stadt den Führerschein gemacht; das Dokument von neunzehnhundertdreiundzwanzig existiert noch. Alle Fahrzeuge seines später von den Söhnen übernommenen Unternehmens wurden fotografiert, stets waren es die modernsten damals erhältlichen. Aber auch alle Privatfahrzeuge fanden Eingang in die Fotoalben der Familie. Besonders gut gefällt mir das Motorrad, mit dem meine Großeltern – natürlich ohne Helm und den Wind in den Haaren – in die Flitterwochen nach Plougasnou an die Nordküste fuhren. Aber ich glaube, nach diesem Motorrad hat Papy kein anderes mehr gehabt und sich als Familienvater beschränkt auf Autos.

Sein letztes kaufte er mit vierundachtzig Jahren. Unter großem Bedauern, denn seinen Peugeot 405 aus den Neunzehnhundertachtzigern schätzte er bis zum Schluss; nur wurde der unzuverlässig. Also kaufte Papy einen weißen Renault Clio. Er schimpfte auf ihn, weil er die Bedienung zu kompliziert fand. Er schimpfte, weil er, der Altersgebeugte und Altersgeschrumpfte, sich so klein darin vorkam. Er legte sich Kissen auf den Fahrersitz, und erst später, als er nicht mehr da war, fand ich heraus, dass der Clio durchaus eine Sitzhöhenverstellung hatte, Papy hatte sie nur nicht gefunden. Allen Klagen zum Trotz fuhr Papy noch immer sicher. Nach einer

Operation seines grauen Stars sah er scharf wie eh und je – seine einst grünen Augen mochten zu blau verblasst sein; es waren immer noch Luchsaugen.

Mit dem Clio fuhr Papy keine weiten Strecken mehr, denn Ausflüge machten meine Großeltern in ihren letzten Jahren nur selten. Es war ein Auto, das vor allem dem Einkaufen diente, und den immer häufigeren Arztbesuchen. Und natürlich fuhr Papy nach wie vor regelmäßig die Strecke zu meinem Elternhaus und sah dort nach dem rechten. Es war mit diesem Auto, dass er noch einmal, als er wusste, dass er nicht mehr viel Zeit haben würde, ans Meer gefahren ist. Der einzige Ort, an dem er entspannen konnte. An welchem Strand genau war er gewesen? Wir haben es nie erfahren. Er hat niemandem von seiner Abschiedsfahrt erzählt. Aber als wir den verwaisten Clio öffneten, verriet uns der Sand im Fußraum unter dem Fahrersitz, wo Papy noch einmal gewesen sein musste.

Der weiße Clio fährt noch immer. Nunmehr in Deutschland. Meine Mutter holte ihn sich nachhause, in ihre deutsche Heimat. Alle zwei Jahre fahren meine Eltern mit dem Clio ins Elsass, um dort den TÜV zu machen. Nur mit französischem TÜV darf der Clio das Nummernschild behalten, Papys Nummernschild, das bretonische.

Dans un virage oder Fahrtengeschichten mit Kurven

Als ich mich meinen bretonischen Großeltern neu annäherte, als junge Erwachsene, tat ich etwas, was ich bei Oma verpasst hatte: Ich stellte Fragen. Fragen zur Vergangenheit; und da Mamie und Papy nur allzu gerne davon erzählten, oft ausgehend von ihren Fotos, verbrachten wir viel Zeit mit diesen Gesprächen.

Von Mamies bäuerlicher Familie gab es allerdings nicht so viele Fotos; sie selbst wurde zu ihrer Kommunion erstmals fotografiert. Das Portrait eines sanft und hübsch aussehenden Mädchens mit großen dunklen Augen und sauber gescheiteltem glänzend-dunklem Haar unter dem nonnenhaft wirkenden Schleier. Papys erstes Portrait zeigt ihn bäuchlings, in klassischer Nacktheit, als drei Monate altes speckiges Baby, und genau genommen ist das kein simples Foto, sondern eine Postkarte und wurde von seiner bourgeoisen Familie zur Ankündigung des kleinen Nachzüglers in alle Welt der

Verwandten und Bekannten verschickt. Von Papys Familie gibt es unzählige Fotos – auch beanspruchte er beim Anschauen stets die Wortgewalt für sich; ständig waren die beiden deswegen am Sich-Kabbeln. Wollte man mit Mamie in Ruhe reden, man musste es allein mit ihr tun. So habe ich die Geschichte mit dem Kalb in der Ente erfahren, und zwei weitere Geschichten, die auf Fahrten passiert sind. Auf Fahrten über die kurvigen Landstraßen der Gegend des Huelgoat.

Die erste Geschichte ist komisch. Mamie hatte einen großen und einen kleinen Bruder. Wie Papy, war der kleine Paul ein Nachzüglerkind und wurde geboren, als Mamie bereits zehn war. Mamie hatte auch eine Cousine, Mimi; die war schon elf. Als Baby Paul auf die Welt kam, war Mamie sofort verliebt in ihn. Wie zornig war sie darüber, dass nicht sie seine Patentante werden durfte, sondern Mimi! Zur Taufe fuhr die festlich gekleidete Familie mit der Kutsche, und plötzlich, in einer Kurve, aus lauter Protest und Trotz, sprang Mamie ab und in den Straßengraben. Sie verletzte sich nicht, und ihr Vater versprach ihr zum Trost ein paar Bonbons. Trotzdem hatte ich den Eindruck, dass das durchaus eigenwillige kleine Mädchen, das meine so sanftmütig scheinende Mamie im Inneren also gewesen war, es ihren Eltern niemals verziehen hat, in dieser ihr am Herzen liegenden Sache Cousine Mimi vorgezogen zu haben.

Die zweite Geschichte ist tragisch. Die Hochzeitsfeier meiner Großeltern dauerte, wie damals üblich, zwei Tage lang. Den zweiten Tag feierte die Gesellschaft in Huelgoat selbst, der Stadt am

See, die umgeben ist von dem berühmten Wald mit den sich hoch auftürmenden Felsen, zwischen und unter denen sich Schluchten und Höhlen bilden. Es wurde getanzt, bretonisch natürlich, gegessen, sicherlich auch eine Menge getrunken. Als die Feier zu Ende ging, nahm ein Gast auf der Ladefläche seines Transportlasters Mamies Großeltern mit, die ihrer mütterlichen Seite. Der Mann fuhr zu schnell durch eine waldige Kurve, seine Fahrgäste wurden von der Ladefläche geschleudert. Beide Großeltern verunglückten tödlich.

Glückliche und unglückliche Momente im Leben Mamies

Mamie sagte einmal, am glücklichsten im Leben sei sie in ihrer Schulzeit in Huelgoat gewesen. Dabei weiß ich, dass sie bei einer Tante wohnte, die ihr nicht genug zu essen gab. Aber in der Schulzeit hatte Mamie trotzdem etwas, das sie noch nie in diesem Maße gehabt hatte und auch später im Leben nie wieder so haben würde: Freiheit. Ohne ihre Holzpantoffeln, barfuß sei sie mit den anderen Mädchen von einem der riesigen Felsen des „Chaos“ im Wald zum nächsten gerannt und gesprungen. Im Geiste sehe ich sie vor mir, eine kleine, federnde Gestalt mit fliegenden braunen Locken und glänzenden braunen Augen. Es waren keine Eltern da, sie zur Mitarbeit auf dem Hof aufzufordern. Es war kein großer Bruder da, sie zu beschützen und auf sie aufzupassen und sie letztlich zu kontrollieren. Es war noch kein Ehemann da, der diese Rolle für sie übernehmen würde. Ich verstehe, dass Mamie in dieser Zeit glücklich gewesen ist.

Aufgrund einer Rippenfellentzündung musste sie die Schule verfrüht verlassen und ihren Wunsch aufgeben, Grundschullehrerin zu werden. Hatte sie nicht viel Schulbildung genossen, war sie dennoch gewandt mit Worten – sie las viel und gerne, und sie schrieb hefteweise Gedichte – und sie war, wie der vielstudierte Cousin Pierre meiner Mutter es ausdrückte, fine. Noch so ein Wort, das man nicht eins zu eins in das Deutsche übersetzen kann, das aber bedeutet, dass jemand geistig fein und scharfsinnig ist, die kleinen Nuancen erfassend. So war Mamie auch eine scharfe Beobachterin und hatte viel Sinn für Humor, wenn sie, allerdings manchmal etwas gnadenlos, Leute, die sie lächerlich fand, parodierte.

In ihrer Jugend wurde sie für ihre Schönheit und Eleganz gerühmt, weshalb sie im Alter stark unter dem angenommenen Verlust ihres guten Aussehens litt – ohne zu merken, dass sie auf ihre Weise noch immer schön war. Doch ihr gutes Aussehen hatte sie einmal in Gefahr gebracht, und zwar zur Zeit der deutschen Besatzung.

Sie war dreizehn Jahre alt, sah aber nicht mehr nach kleinem Mädchen aus, und hütete allein die Kühe. Da tauchten zwei deutsche Soldaten auf und versuchten radebrechend, ein Gespräch mit ihr zu beginnen. Als sie zu verstehen gab, sie müsse mit den Kühen nachhause, kamen die Soldaten ungefragt mit. Auf dem Hof angekommen, folgten sie ihr in das Haus, wo sie den Schutz ihrer Mutter – Mémé – suchte; und dort verlangten die Soldaten „Schnaps" (ein Wort, das sie auf Deutsch sagten). Während Mémé ihnen Hochprozentiges einschenkte, signalisierte sie ihrer Tochter mit einem Blick, sie solle nach oben in ihr Zimmer gehen, weg von den Soldaten. Aber die durchschauten den Versuch und befahlen, das schöne Mädchen müsse bleiben. Unterdessen erhitzten sie sich mehr und mehr mit dem Alkohol, der allerdings etwas Bretonisches war, vermutlich Lambig. Die Erlösung kam unerwartet, in Gestalt eines Offiziers. Warum der aufgetaucht war? Mamie selbst konnte es mir auch nicht erklären. Aber der Offizier nahm seine angetrunkenen Männer mit. – Wie wäre die Geschichte sonst ausgegangen? Kaum zu sagen. Für Mamie war es ein Moment der unvergesslichen Angst gewesen.

Da sie am Rande des Huelgoat wohnten, der voll von Widerstandskämpfern war, war ihr großer Bruder Jean selbst zum patriote geworden. Patriotes, so nannten sich die Résistancekämpfer. Papy machte sich immer etwas lustig darüber und meinte, nicht jeder Teenager-Patriot sei automatisch ein großer Held gewesen. Vermutlich hatte er recht; er war aber auch etwas neidisch. Er war genauso alt, oder besser gesagt jung, wie Jean; doch seine Mutter hatte ihm strikt verboten, in den Widerstand zu gehen.

Glückliche und unglückliche Momente im Leben Papys

Besonders glücklich in seinem Leben ist Papy in Baden-Baden gewesen. Er erzählte wiederholt und gerne davon. Für viele Bretonen war der Wehrdienst im Osten Frankreichs einst Anlass der weitesten Reise ihres Lebens gewesen; auch für Papy war der Schwarzwald, wo er als Besatzungssoldat diente, der am zweitweitesten von seiner Heimat entfernte Ort, den er jemals bereist hat. Nur unsere deutsche Heimatstadt, die er und Mamie einmal besucht haben, war noch etwas weiter von der Bretagne entfernt.

Mit Jean, Mamies großem Bruder, war Papy bei den Alpenjägern. Es war eine besondere Auszeichnung, in diese Elitetruppe aufgenommen worden zu sein, und er war stolz darauf. Zudem war er erfolgreich im Geländelaufteam seiner Einheit, mit dem er sich bis zur Teilnahme an den Landesmeisterschaften qualifizierte. Als Leistungssportler erhielt er Extrarationen; für die anderen Soldaten war die Verpflegung karg, weil es nach dem Krieg schlichtweg nur wenig Nahrung für alle gab. Wie schon gesagt, war er der Chauffeur der Gattin seines Kommandanten, was weitere Privilegien mit sich brachte; unter den Kameraden war er beliebt und hoch angesehen – und zuhause in der Bretagne wartete das Mädchen auf ihn, das er liebte und heiraten wollte, was er nach den knapp zwei Jahren seines Diensts als Besatzungssoldat dann auch tat. Zwar, zu früh hatte er seinen Vater verloren, und aufgrund des Bombardements von Nantes hatte seine Mutter ihn von der dortigen Schule genommen, die ihn auf das Ingenieursstudium vorbereiten sollte. Das waren schwere Schicksalsschläge für ihn gewesen; aber trotzdem: Damals in Baden-Baden sah Papys Zukunft rosig aus, voller Hoffnung.

Zu dem Zeitpunkt wusste er noch nichts von

der faillite – ein geflügeltes Schreckenswort in seiner, in unserer Familie, bis heute. Die faillite, das war der Bankrott, der sein Leben und das Leben der seinen auf radikale Weise verändern sollte. Darüber musste er wieder und wieder reden. Es war ein Trauma, das ihn nie losließ.

Es war das Unternehmen, als dessen Chef er mit seinen Brüdern auf dem Papier stand. In Wahrheit konnte Papy nichts dafür, dass sie Pleite gingen – er selbst war ja nur Mädchen für alles gewesen, dauernder Fahrer. In die Verantwortung genommen wurden jedoch alle drei Partner-Brüder, und das heißt, sie wurden nicht nur durch Pfändung enteignet, sondern verloren das Recht auf Eigentum.

Sie verloren alles – und durften nie wieder etwas erarbeiten. Heutzutage wäre das unmöglich. Damals war es so; und dass er, sein Name, gleichsam keinen Wert mehr hatte, in seinen eigenen Augen wie auf dem Papier, das hat etwas in Papy zerstört.

Und doch. Und doch sagte er einmal, in seinen letzten Jahren, als auch ich um meinen Existenzerhalt fürchtete: „Nous, les gens d'esprit, nous trouvons toujours une astuce." Wir, die Leute mit Geist, wir finden immer einen Kniff, einen Ausweg. Obwohl ich nicht genau wusste, was er damit meinte, gab mir dieser Satz Auftrieb.

Joseph im Stalag; um bei der Zensur nicht verloren zu gehen, war das Foto an den Brief genäht

Von einer Uhr, einer Flucht und einem Traum

Unter den deutschen Besatzern war Papy nicht ganz so artig, wie seine Mutter es von ihm verlangt hatte. Aber was ist von einem Teenager schon anderes zu erwarten? So durfte man als Franzosen, laut deutschem Dekret, nicht nebeneinander gehen, nur hintereinander. Das sollte konspirative Gespräche verhindern. Papy und ein Freund von ihm hielten sich nicht daran – und wurden prompt nicht von deutschen Soldaten, sondern von französischen Feldgendarmen angehalten, die die Jugendlichen mit dem Rücken gegen eine Hausmauer stießen und ihnen die Läufe ihrer Maschinengewehre zwischen die Rippen bohrten. In diesem Moment hatte er Todesangst, bekannte Papy mir.

Die Angst hielt ihn jedoch nicht davon ab, eine besondere Beute zu machen. War es eine Mutprobe gewesen? Eines Tages zeigte Papy mir eine alte Blechdose. In ihr bewahrte er kleine Erinnerungsstücke auf – seine Abzeichen der Alpenjägeruniform, ein paar Münzen Besatzungsgeld; und ein kleines Objekt aus Kunststoff, das aussah wie ein Spielzeug für Kinder, aus einem Überraschungsei. Es hatte die Form einer kleinen Trompete mit einem davon herabhängenden Banner; die Trompete war recht abgeschabt, aber goldfarben gewesen, das Banner schwarz mir einem Zeichen darauf, das ich zuerst für einen Blitz hielt, es könnte aber auch ein zackig geschriebenes „S“ gewesen sein. „Weißt du, was das ist?“, fragte er mich. Ich verneinte; die Theorie mit dem Überraschungsei behielt ich für mich. „Das ist das Abzeichen eines deutschen Offiziers. Ich habe es ihm im Lazarett abgenommen.“ Wie war er da hineingekommen, wo war das Lazarett überhaupt gewesen? – Ich weiß es nicht; das hat er nicht weiter erläutert.

Rückseite des Fotos mit Datum und Prüfstempel

Es war nichts Unübliches damals, mit fünfzehn Jahren Widerstandskämpfer zu werden. Papy durfte es nicht wegen seines Bruders Joseph. Der war Kriegsgefangener, in

Deutschland. Zweimal brach Joseph aus den Lagern aus – zweimal wurde er wieder gefangen. Und dann in ein Stalag ganz nach Osten gebracht, mit noch härteren Lebensbedingungen. Er muss vor Hunger Gras gegessen haben, soll er erzählt haben. Aber gebrochen war sein Kampfgeist nicht.

Unterdessen unternahm seine Mutter, meine Urgroßmutter, die ich nie persönlich gekannt habe, einen verzweifelten Versuch, ihrem Sohn zu helfen. Sie ging auf die Kommandantur, zu den Deutschen. Dabei hatte sie eine Taschenuhr; die gab sie ab. Mit der Uhr hatte es folgende Bewandtnis: Mein Urgroßvater war im Ersten Weltkrieg an der Front gewesen. Eines Tages im Schützengraben fand er sich Nase an Nase mit einem Deutschen wieder. Er war schneller und hatte den Feind im Visier, da fing der deutsche Soldat an, in seiner eigenen Sprache um sein Leben zu flehen. Mein Urgroßvater verstand die Worte nicht, aber er verstand die Absicht. Der Deutsche zog ein Foto seiner Familie hervor, dann seine Uhr, die er meinem Urgroßvater zuwarf. Nicht wegen der Uhr, sondern aus Mitleid ließ der den Mann laufen. Was ihn selbst in Lebensgefahr brachte. Hätte jemand die Szene beobachtet, er wäre vor das Kriegsgericht gekommen und als Landesverräter erschossen worden. Doch niemand war Zeuge gewesen, bis auf die Uhr; und die hob mein Urgroßvater fortan auf und erzählte manchmal ihre Geschichte.

Diese Uhr war im Zweiten Weltkrieg noch in Familienbesitz, als mein Urgroßvater schon nicht mehr lebte. Nur, was wollte meine Urgroßmutter damit erreichen, dass sie diese Uhr in der Kommandantur abgab? Vielleicht stand ein Hinweis auf ihren deutschen Eigner darin, aber wenn schon: Meinte sie wirklich, sie könne die Uhr gegen ihren gefangenen Sohn eintauschen? – So oder so; Erfolg hatte sie nicht.

Joseph schaffte es auch alleine. Aber nicht das an sich ist erzählenswert, sondern vielmehr: dass Papy, zu der Zeit noch als Schüler in Nantes, eines nachts – und nicht in irgendeiner Nacht, sondern genau in der richtigen – in dieser Nacht träumte der Fünfzehnjährige die Flucht seines Bruders. Er träumte sie mit allen Etappen. Er träumte sie so, wie sie zur selben Zeit wirklich geschah, im Osten Deutschlands und dann Richtung Westen.

Papys Vater als Feldkoch im Ersten Weltkrieg

Er hat mir die Flucht und den Traum erzählt, lange ist es her, und ich bereue es zutiefst, nicht sofort alles aufgeschrieben zu haben. So kann ich mich nur noch bruchstückhaft erinnern. Ich weiß noch, dass Joseph es irgendwie aus dem Stalag und nach Berlin schaffte, wo er sich bizarrer Weise auf einem Jahrmarkt mit Karussells wiederfand; ich weiß, dass ihm die lange Reise nach Westen mit dem Zug gelang – einem Militärtransport nach Frankreich! Ich weiß, dass er sich im Zug unter Kartoffelsäcken versteckte, dass deutsche Soldaten zur Kontrolle mit Bajonetten in die Säcke hineinstachen und dass es einfach Glück war, dass sie ihn dabei nicht trafen. So gelangte Joseph über die Grenze – irgendwie weiter bis nach Vichy, wo die große Schwester Mimi und ihr Mann, ein hoher Offizier in der Marine, zu dieser Zeit lebten. Und Mimi half dem Bruder von Vichy aus weiter, zurück in die Bretagne. Wo Joseph umgehend seine Verlobte heiratete, Familie gründete und als Kriegsheld der eigentliche Kopf des Familienunternehmens wurde, und so weiter...

Ich sehe ihn noch vor mir. Als ich klein war, besuchten wir manchmal Tonton Joseph und Tata Alice. Alice konnte aus Muscheln kunstvolle kleine Figürchen basteln. Die interessierten mich mehr als dieses zu Kindern eher kühle Verwandtenpaar. Joseph war, in meinen kindlichen Augen, alt und eher klein; er trug eine Schirmmütze und ging an einem Stock. Er redete viel und laut – wie alle Männer seiner Familie. Anders als Papy, schien er den Bankrott ganz gut weggesteckt zu haben; vielleicht, weil seine Frau Alice Schulleiterin gewesen war und die beiden gut finanziell über Wasser gehalten hatte. Ihre vier Kinder waren von einem Kindermädchen erzogen worden. Mit Pierre, Josephs Zweitältestem, sprach ich einmal über Papys Traum von der Flucht. Pierre war erstaunt, hatte davon nichts gewusst. Und sogar von der Flucht seines Vaters aus Deutschland hätte er beinahe nie etwas erfahren – denn nur ein einziges Mal in seinem Leben hat Joseph darüber gesprochen, auf einer Feier mit Freunden, in den sechziger Jahren.

Ein Innehalten, zum Hin- und Herdenken

Es schwimmt sich gut auf den Wellen, die Mamies und Papys Geschichten in mir aufgewühlt haben. Bevor es weitergeht, muss ich mich jedoch auf den Rücken drehen und einen Moment lang den „toten Mann“ machen.

Ich brauche den Stillstand, um es mir klarzumachen: Joseph, auf der Flucht aus dem Stalag plötzlich auf einem Jahrmarkt in Berlin – Joseph, der Bretone, war in dieser Zeit Oma und Opa so unglaublich viel näher als Mamie und Papy! Meine deutschen Großeltern wohnten in Berlin-Charlottenburg. Wo auch immer Josephs Berliner Jahrmarkt gewesen sein mag, es wäre unter anderen als den Kriegsumständen für Papys großen Bruder ein Leichtes gewesen, mal eben bei Oma und Opa reinzuschauen. Aber es war Krieg, und Opa – der Ingenieur gewesen war, wie Papy einer werden wollte –, Opa arbeitete in Berlin, wohl mehr oder weniger gezwungenermaßen, für die Rüstungsindustrie. Während Jean, Mamies großer Bruder, im Huelgoat im Widerstand war. Was hätten die großen Brüder meiner bretonischen Großeltern damals gesagt, wenn man ihnen prophezeit hätte, sie würden ein paar Jahrzehnte später eine Nichte haben, verheiratet mit einem Deutschen? Was hätten meine deutschen Großeltern gesagt, hätte man ihnen geweissagt, ihr noch ungeborener Sohn werde nicht nur Frankreich und die Franzosen lieben, sondern noch dazu eine spezielle Französin?

Joseph aß vor Hunger im Stalag Gras. – Hunger hat Opa auch gekannt. Mein deutscher Cousin Nils, der alt genug ist, um Opa erlebt zu haben, erzählte mir von dessen befremdlicher Eigenart, nach dem Essen seinen Teller abzulecken. Es gibt noch eine schlimmere Geschichte zu Opa. Eines Abends kam er nachhause und fand auf dem Küchentisch eine Schale vor, wie er vermutete, mit einer für ihn bereitgestellten Speise. Er aß den Inhalt der Schale auf. An dem Tag war seine Tochter, meine Tante Gudrun, krank gewesen und hatte sich erbrochen. Ihr Erbrochenes war in der Schale gewesen; Oma hatte noch keine Zeit gehabt, es zu entsorgen. – Wer könnte eine Schale Erbrochenes zu sich nehmen? Wer würde nach dem Essen den Teller ablecken? Wann hat Opa solchen Hunger verspürt, dass dieser Hunger ihn auch, als er genug zu essen hatte, nie wieder losließ? War es im Krieg gewesen, oder danach? Ich weiß es nicht; aber Joseph hat, soviel ich weiß, seinen Teller nicht abgeleckt. Heißt das, Opas Hunger ist größer gewesen?

Im Übrigen ist es immer noch meine Geschichte, welche ich auf diese Weise erzähle – indem ich die Geschichten derer, die für mich meine Heimaten-Wurzeln sind, wiedererzähle. Auch wenn ich diese Geschichten nicht selbst erlebt habe, sind sie ein Teil meiner Vorfahren gewesen, ein Teil meiner doppelten Familiengeschichte – und darüber ein Teil von mir.

Zudem in Familien nicht nur Geschichten weitergegeben werden, sondern auch Denkweisen, Verhaltensweisen, Reaktionsweisen, Gefühle. Manchmal mag man selbst gar nicht bewusst begreifen, wo ein gewisses Verhaltensmuster oder Denkschema an einem herrührt – und doch, ist es nicht einmal in die Familie gekommen, durch ein gewisses, einst prägendes, mittlerweile vielleicht längst vergessenes oder gar absichtlich verschwiegenes Ereignis?

III.

Prägende Urgroßväter und Katastrophen

Ein Reisender und Gelehrter

Vor meiner Zeit, lange vor meiner Zeit, wirkten zwei meiner Urgroßväter auf ihre Nachkommen nachhaltig prägend. Von ihnen, im Verbund mit gewissen äußeren Umständen, lässt es sich sagen, dass sie Wurzeln von Familienidentitäten schufen, die heute noch greifen.

Da war auf der einen Seite ein Deutscher, der Vater von Opa. Wenn ich Opa hauptsächlich von Fotos her kenne, kenne ich diesen zeitlich sehr weit entfernten Urgroßvater zunächst von seinem gemalten Portrait, und dann, natürlich, aus den über ihn überlieferten Geschichten. Sein Portrait ist das eines Mannes in mittleren Jahren, der oben auf dem Haupt nur noch wenige Haare hat und dafür unter dem Kinn umso mehr – er trug einen dichten, auf die Brust fallenden Bart. Auch trug er eine Brille mit rund gefassten Gläsern über den hellen Augen, die auf dem Gemälde mehr nachdenklich und introvertiert wirken, als den Blick des Betrachters direkt zu suchen. Mein Urgroßvater ist schwarz gekleidet, was der Mode seiner Zeit entsprach; zudem war er Pfarrer. Als gelehrter und der alten Sprachen mächtiger Mann, war er es, der die Rechtschreibung seines Nachnamens auf die lateinische Weise festlegte – mit einem „oe", keinem „ö" darin.

Ich weiß nicht, ob mein Urgroßvater in Halle geboren ist; jedenfalls ging er dort zur Schule, und zwar in die der pietistisch geprägten Halleschen Stiftungen. Es war eine Schule für Waisen und arme Kinder; ein Waisenkind war mein Urgroßvater nicht, aber das Kind mittelloser Eltern. Ein besonderes Schaustück der Franckeschen Stiftungen habe ich selbst einmal besucht. Mit einem Forschungsprojekt meiner Universität arbeitete ich über Andenken, Erinnerungsstücke, und die Räume ihrer Aufbewahrung. In den Franckeschen Stiftungen gibt es keinen Raum mit persönlichen Andenken, aber es gibt die Wunderkammer: ein mittlerweile dreihundert Jahre altes Kunst-, Naturalien- und Kuriositätenkabinett.

Unvergessen ist mir mein erster Blick hinein, der angezogen wurde von einem ausgestopften Krokodil, das gleichsam freischwebend von der Decke hing. Es gab auch weitere fremdländische Tiere sowie Dinge, Pflanzen und überhaupt Sehenswertes aus aller Welt. Das meiste davon war mitgebracht worden von Missionaren der sogenannten Dänisch-Halleschen Mission, der ersten protestantischen Mission überhaupt. Wer in den Franckeschen Stiftungen zur Schule ging, musste im Unterricht die Wunderkammer besuchen. Sie sollte den Kindern die Schöpfung in ihrer Vielfalt vor Augen führen; und vielleicht machte das dem einen oder anderen Lust, selbst Missionar zu werden und hinauszuziehen in die weite, exotische Welt.

Mein Urgroßvater, der mit Sicherheit das freischwebende Krokodil an der Decke gesehen hat, wurde nicht Missionar, aber er studierte Theologie und wurde Pfarrer. Als Pfarrer zog auch er in die Welt hinaus, bereiste Ägypten und Palästina. Auf seinem Rückweg blieb er in San Marino hängen, und da er Geld brauchte, waltete er dort über ein Jahr lang seines Amtes. Schließlich kehrte er in die deutschen Lande zurück und wurde eingesetzt in der Altmark. Ich weiß nicht, ob es seine erste Pfarrei war, aber zumindest eine der ersten war die in Gräfenhainichen. Dort wohnte mein Urgroßvater in dem Haus, in dem im März sechzehnhundertsieben der berühmte Theologe und Kirchenlieddichter Paul Gerhardt zur Welt gekommen war. Neunundneunzig Jahre nach Paul Gerhardt wurde in diesem Haus mein Opa geboren.

Wie die Orgelpfeifen

Denn mein Urgroßvater hatte sich verliebt – in eine junge Frau deutsch-polnischer Herkunft; das uneheliche Kind eines Deutschen, von der polnischen Mutter katholisch erzogen. Aber er wollte sie heiraten, und er tat es. Und so geschickt hat er die Sache eingefädelt, dass das Paar zur Hochzeit ein besonderes Telegramm erhielt – eine Gratulation der Kaisergattin Auguste Viktoria! Sie lobte die Verdienste der frischgebackenen Pfarrersfrau bei der Sozialarbeit; meine Urgroßmutter muss auf ihren künftigen Stand hingearbeitet haben.

Als das erste Kind geboren wurde, ein Sohn, erhielt er den Vor-

namen „Gerhardt". Mit „dt"; nach Paul Gerhardt nämlich. (Es war der Gerhardt, der Pfarrer in Büste werden würde und dessen Hinterbliebenen im Zweiten Weltkrieg die hochschwangere Oma mit ihren Kindern nicht aufnehmen wollten.) „Gerhardt" sollte, und zwar genau in dieser Schreibweise, ein verbreiteter Lieblingsname der Großfamilie werden, die meine Urgroßeltern in den folgenden Jahren weiter begründeten.

Bei einem Besuch des letzten lebenden Cousins meines Vaters (nein, der heißt nicht „Gerhardt", so hieß sein Bruder; er heißt „Dieter") durfte ich uralte Familienalben durchblättern, von deren Existenz ich nichts geahnt hatte. Offenbar war Dieters Mutter, das jüngste Kind des Pfarrersehepaars, zur Hüterin eines Teils des Familienarchives geworden, und sie hatte es ihrem ältesten Sohn Dieter vermacht. Jedenfalls, meine Urgroßeltern legten Wert darauf, jeden Neubürger ihrer kleinen Welt sowie den stetigen Zuwachs an solchen Neubürgern fotografisch zu dokumentieren. Neunzehnhundertacht gingen sie dazu in das Atelier für Photographie C. Fettback, von dem es zwei Filialen gab, eine in der Neuperstrasse 28 in Salzwedel und eine in der Bahnhofstraße 33 in Bismark. Ich vermute, sie waren in Bismark; und auf jeden Fall gibt dieser kleine Ort einen Hinweis darauf, dass mein Urgroßvater zu dieser Zeit schon nicht mehr in Gräfenhainichen, sondern im Bismark näheren Altmersleben Pfarrer geworden war. Woher ich von dem Atelier für Photographie weiß? – Sein Name steht auf dem Foto, das ich selbst von neun der zehn Kinder habe.

Wie die Orgelpfeifen, so sagte Dieter, wurde jedes Mal wieder die Reihe der Kinder aufgestellt, von alt zu jung und groß zu klein. Nur wurde diese Reihe kontinuierlich länger. Weil die Reihe der neun zu lang, beziehungsweise zu breit noch für ein Bild im Panoramaformat gewesen wäre, sind die Kinder auf meinem Foto etwas lockerer und schöner zu einer Gruppe positioniert. Die Namen aller weiß ich nicht; und wenn ich sie gehört habe, so habe ich nur die derjenigen Geschwister behalten, die ich noch persönlich kennengelernt habe. So befinden sich ganz links auf dem Bild die drei ältesten Kinder, die fast blinde Issi, die ich einst als „Tante Issi" besucht habe und die zusammen mit „Tante Hannah" in meiner Elternstadt lebte; besagte Hannah steht auf dem Kinderfoto rechts hinter der sitzenden Issi und lehnt sich dabei an den Ältesten, Gerhardt, er natürlich im modischen Matrosenanzug; wobei auch Issi und das Mädchen ganz rechts Matrosenkragen an ihren weißen Kleidern tragen. Es sind insgesamt sieben Mädchen auf diesem Bild; eines davon, das Baby im Hochstuhl, müsste Tante Dita sein, die später in Berlin als Muse und Geliebte eines Künstlers lebte.

Die Person, die mir aber am wichtigsten ist, ist der an einem kleinen Tisch vor den ältesten Geschwistern sitzende, knapp zweijährige weißblonde Knirps mit den groß und ernst in die Kamera schauenden Augen. Er trägt noch das kleidähnliche Kittelchen, das auch kleine Jungen einst trugen, ehe sie so zuverlässig wasserdicht, dass sie der Hosen würdig wurden. Das Kittelchen ist weiß, aber mit einer schachbrettartig gemusterten Borte um den Hals und die Brust hinunter; die Beine stecken in karierten Strumpfhosen, die Füße in Lederstiefelchen, seitlich zugeknöpft. Dieser Knirps ist mein künftiger Opa. Auf dem Bild ist er das zweitjüngste Kind; es sollte noch eines hinzukommen, die kleine Gretel – Dieters Mutter, die ihm die Alben übergab mit der Serie der sämtlichen Orgelpfeifenbilder.

Überliefertes und Verschwiegenes oder Die Auseinandergerissenen

In Tante Gretels, beziehungsweise Dieters Alben sah ich auch Fotos der stolzen Eltern, meiner Urgroßeltern. Es war allerdings mein Urgroßvater allein, der sich auf mehreren Bildern gemeinsam mit den ersten Kindern oder mit ausgewählten Töchtern ablichten ließ. Meine Urgroßmutter nicht. Von ihr gibt es überhaupt wenige Fotos. Vielleicht, weil sie die meiste Zeit schwanger oder im Kindbett war? Oder galt sie etwa doch als weniger präsentabel, aufgrund ihrer halb polnischen und katholischen Herkunft eines unehelichen, nie vom deutschen Vater öffentlich anerkannten Kindes?

Wobei gerade der polnische Teil meiner Urgroßmutter Jahrzehnte nach ihrem Tod etwas heikel wurde für ihre Nachkommen: im Dritten Reich. Mein Vater wusste um die Herkunft seiner Großmutter, sie stand im Ahnenpass seiner Familie, war ihm kein Geheimnis. Sein zehn Jahre älterer Cousin Dieter hingegen sollte erst im Erwachsenenalter erfahren, was in den Augen seiner Eltern zu vertuschen gewesen war. Denn Dieters Vater Carl hatte eine solide Funktion in der NS-Bauernorganisation, dem Reichsnährstand; und seine Mutter Gretel, das jüngste Kind der halb polnischen Mutter, sah mit ihren blonden Haaren und blauen Augen derart vorbildlich arisch aus, dass ihr unter den Landfrauen des Reichsnährstandes ihres Ortes eine repräsentative Führungsrolle aufgedrängt wurde. Vielleicht hatten die, die sie darin einsetzten, aufgrund der Position

ihres Mannes und dessen Sonderstatus' eines Arbeitsverletzten – er hatte einen Finger verloren – nicht so genau in den Ahnenpass Gretels gesehen, dass ihre darin dokumentierte, nicht astrein arische Herkunft wohlwollend ignoriert wurde. Jedenfalls sollte auch Gretel darüber schweigen und ihren Söhnen nie selber sagen, wer ihre Großmutter gewesen war. Doch sie erzählte es eines Tages, lange nach der NS-Zeit, Dieters Frau Christel. Und so war es an Christel, ihren Mann über seine großmütterlichen Wurzeln aufzuklären.

Es gibt Dinge, die man in Familien überliefert, und Dinge, die man in Familien verschweigt. Doch zurück zu meiner Urgroßmutter selbst, die sicherlich alles getan hat, sich ihrem veränderten Status als deutsche Pfarrersfrau für würdig zu erweisen. So existiert auch von ihr ein geradezu herrschaftliches gemaltes Portrait, ein Pendant zu dem ihres Gatten. Darauf sieht man eine aus hellen Augen ernst dreinblickende, streng gekleidete und frisierte Frau mit ovalem Gesicht und hohen Wangenknochen. Obwohl sie auf dem Gemälde jung sein muss, wirkt sie seltsam alterslos. Auf einem Foto des Albums erkennt man sie wieder, aber sie sieht nun matronenhaft aus; und nicht nur an diesem Bild sieht man, dass die Anstrengungen der quasi pausenlosen Mutterschaft nicht spurlos an ihr vorübergegangen sind. Nach dem zehnten Kind, Gretel, starb sie; ich glaube, nicht unmittelbar im Kindbett, sondern nach einer Zeit des Dahinsiechens.

Sie liegt auf dem kleinen Friedhof bei der Kirche von Altmersleben begraben, neben ihrem Mann, der bis zu seinem Lebensende Mitte der neunzehnhundertzwanziger Jahre in dieser Kirche Pfarrer blieb. Nach der Wende sollte man im Fuße des Wetterhahns auf dem Kirchturm eine Art Flaschenpost von ihm finden – Dokumente über ihn, seine Person und Familie. Offenbar wollte er, dass eine Spur von ihm und den seinen auf der Welt blieb. Und wenn dieser Mann, dieser Sohn mittelloser Eltern, der sich mit Intelligenz und Begabung, Selbstdisziplin und Fleiß und – und das war freilich die Voraussetzung – mit Hilfe der Franckeschen Stiftungen eine Position und Identität erschaffen hatte, die er am Ende seines Lebens für denkwürdig hielt, so ist es nicht erstaunlich, dass er seine Nachkommen geprägt hat. Er gab ihnen, und zwar nicht nur der Generation seiner Kinder, sondern den folgenden auch, einen besonderen Willen zur Bildung mit, eine Begabung für Sprachen, eine Lust am Reisen und wohl auch ein gutes Stück Weltoffenheit, nebst dem lateinischen „oe“ in ihren Nachnamen. Doch das war nicht alles. Es folgte eine weitere Prägung, anderer Art.

Der Verwitwete fühlte sich schlichtweg zu alt, um noch einmal zu heiraten. Die zehn Kinder allein zu versorgen, kam jedoch ebenso wenig für den Patriarchen in Frage wie die Anstellung einer weiblichen Person, die das hätte übernehmen können; auch war keine Verwandte da, irgendeine verwitwete Tante oder alte Jungfer, die es hätte übernehmen können, sich um die Halbwaisen zu kümmern. Was also geschah? Mein Urgroßvater wendete sich auf seiner Suche nach Hilfe an seine Arbeitgeberin, die evangelische Kirche. Deren Verwaltung schrieb einen Rundbrief an alle Pfarrer des Landes, mit der Bitte, eines der Kinder des verwitweten Kollegen aufzunehmen und zu erziehen. So kam es, dass die zehn Geschwister aufgeteilt und in alle vier Windrichtungen zerstreut wurden. Plötzlich wurden sie auseinandergerissen, radikal aus ihrem Zuhause entwurzelt.

Opa hatte noch Glück im Unglück. Wohl weil er so klein war, fand er im hessischen Lahnstein neue Pflegeeltern, gemeinsam mit seiner ältesten, sehr intelligenten Schwester Hannah und der fast blinden Issi. Übrigens sollten es Hannah und Issi sein, die als erwachsene alte Jungfern zusammen in meiner Elternstadt lebten, wo Hannah als Lehrerin tätig war, zu denen Opa und Oma mit ihren drei Kindern zwischen den Jahren neunzehnhundertfünfundvierzig und -sechsundvierzig flohen. Die großen Schwestern waren das Ziel dieser Flucht aus der russischen Besatzungszone in den Westen gewesen. Doch zurück in das Jahr neunzehnhundertfünfzehn. Aus diesem Jahr eines anderen Krieges gibt es ein Foto im Postkartenformat, mit Opa, den großen Schwestern und den Pflegeeltern, dem Lahnsteinischen Pfarrersehepaar. Ganz rechts steht er, sehr aufrecht. Ein schmaler, ernst, aber auch neugierig in die Kamera schauender, nicht mehr ganz so hellblonder Junge, mit ordentlich gescheiteltem Haar, Jacke mit Doppelknopfreihe und angedeutetem Matrosenkragen, die Beine nun in Kniebundhosen und Strümpfen. Ob er glücklich gewesen ist?

Und die anderen?

Auf dem Orgelpfeifenbild von neunzehnhundertacht sitzt Opa als weißblonder Knirps nicht allein an seinem Tischchen. Links von ihm sitzt ein kleines, kritisch guckendes Mädchen mit lustigen Zöpfen. Ich glaube, es hieß Dora, das Mädchen, das unmittelbar vor Opa geboren wurde. Für sie fand sich keine Pflegefamilie. Also kam sie in ein Heim. Dort starb sie, im Backfischalter. Gerüchte deuten an, sie könnte sich selbst das Leben genommen haben; vielleicht starb sie auch „nur“ an einer Grippe. Genau weiß das niemand mehr. Es gibt Dinge, die man in Familien überliefert, und Dinge, die man in Familien verschweigt. So oder so, man muss es sich fragen: Wäre Dora, hätte sie ihre Mutter nicht zu früh verloren, hätte sie in ihrem Elternhaus weiterleben können mit ihren vielen Geschwistern – hätte sie, das kleine, kritisch guckende Mädchen meines alten Fotos, nicht länger gelebt?

Die sich wiederfanden oder Wir sind wir

Die anderen aber überlebten. Ob sie glücklich wurden oder nicht, sie haben überlebt. Und nicht den Kontakt verloren, sondern sich wiedergefunden. Als junge Erwachsene setzten sie selbst die Serie der Orgelpfeifenbilder fort. Eine Fotografie im Postkartenformat, undatiert, aber der Mode nach aus den zwanziger Jahren, greift die Komposition meines Geschwisterfotos von neunzehnhundertacht wieder auf. In fast identischer Anordnung sieht man allerdings acht statt neun Geschwistern darauf; Dora fehlt. Und ein weiteres Mädchen – ich weiß nicht, welches oder warum. Dafür

ist Gretel, die Jüngste, nun mit dabei. Gerhardt, der Erstgeborene, trägt jetzt die runde Brille – wie drei weitere seiner Geschwister –, welche die schlechten Augen, ein genetisches Erbe des Vaters, verrät, sowie auch der Mangel an Haupthaar. Opa, nun in dunklem Anzug und Schlips, in Denkerpose auf einem Lehnstuhl sitzend und lässig die Beine übereinandergeschlagen, versteckt seine vermutlich auch bereits schüttere Frisur unter einer Studentenmütze. Auch sein neugieriger Blick ist ein wenig verborgen hinter einer rundglasigen Brille.

Sie wirken selbstbewusst, diese Geschwister. Als wollten sie zeigen: Das sind wir – wir sind wir; man hatte uns auseinandergerissen, aber wir haben uns wiedergefunden. Dass wir aus unserer Welt entwurzelt wurden, hat uns nicht umgebracht. Wir sind unsere neuen Wege gegangen – aber wir setzen unsere Familientradition fort, wir knüpfen an an unsere alten Bilder – wir knüpfen an an unsere verlorene Herkunft. Ihre Wurzeln in Gräfenhainichen und Altmersleben mochten sie verloren haben; sie schufen sich eine neue Heimat, in ihrem neu auflebenden, bewusst gesuchten Gemeinschaftssinn. Übrigens ist der Ort des Treffens der acht jungen Leute wirklich die alte Heimat gewesen; hier ließen sie das fotografische Zeugnis ihres zugleich alten und erneuerten Sippschaftsgeists anfertigen. Zwar suchten sie nicht mehr das Photographische Atelier C. Fettback in Bismark auf, aber in eben diesem Altmersleben nahen Ort J. Esche, Photograph.

Die schlechten Augen und bei den Männern das spärliche Haar; die Reiselust und das Streben nach Bildung; die Sprachbegabung und Weltoffenheit – aber auch die Katastrophe der einstigen Trennung und dann der Triumph des Sichwiederfindens, und darüber ein besonderer, gesteigerter, ja zelebrierter Zusammenhalt dieser Geschwister-Familie: Das ist letztlich das Erbe meines prägenden deutschen Urgroßvaters. Ein Erbe, das noch wir – meine deutsch-französischen Eltern, meine Geschwister mit ihren deutsch-französisch-ägyptischen und deutsch-französisch-italienisch-marokkanischen Familien und auf meine Weise auch ich mit meinen zwei Heimaten – mit unserem gleichfalls recht speziellen Familiensinn fortführen.

Ein gutherziger Unternehmensgründer

Von meinem anderen prägenden Urgroßvater war bereits die Rede. Es ist der Vater Papys, jener Mann, der im Ersten Weltkrieg den deutschen Soldaten laufen ließ und von ihm seine Taschenuhr zugeworfen bekam; der Unternehmensgründer. Diese beiden Merkmale stechen für mich an ihm heraus: seine Eigenschaften als self-made-man und eine Gutherzigkeit, die ich nicht nur an der Geschichte der Taschenuhr festmache.

Aus dem Ersten Weltkrieg gibt es von ihm drei Postkarten. Zwei davon sind Fotos von ihm selbst, auf deren Rückseiten schlicht steht: Souvenir de la Guerre. Auf dem einen Souvenir-Bild steht mein Urgroßvater mit einem weiteren Soldaten nachdenklich vor einem zerbombten Panzer; auf dem anderen posiert er, mit aufgekrempelten Hemdsärmeln, neben seinem speziellen Arbeitsplatz an der Front, dem zweirädrigen Karren mit der fahrenden Feldküche. Der gelernte Metzger fungierte im Krieg als Koch. (Im Hintergrund sieht man mehrere Soldaten um die Feldküche herumstehen, darunter einer mit einem zur Hälfte zu bandagiertem Kopf.) Mehr über diesen Urgroßvater, nämlich über sein Inneres, verrät jedoch die dritte Postkarte. Zwar ist nicht er selbst das Motiv auf der Vorderseite, aber dafür steht auf der Rückseite ein kurzer Brief.

Das Postkartenmotiv ist schwarz-weiß, aber stellenweise blassgrün und rosa nachkoloriert. Ganz oben steht als Überschrift: Lettre à mon Papa Soldat – Brief an meinen Soldaten-Papa; darunter das Foto eines schön gelockten und sorgsam gekleideten kleinen Mädchens, das eben dabei ist, einen großen weißen Briefumschlag mit den leicht lächelnden Lippen zu berühren, als wolle sie seinen Klebeverschluss verträumt oder sehnsüchtig anlecken. Im Übrigen sitzt das Kind in einem gutbürgerlichen, jegliche Assoziation zum Krieg ausblenden Interieur. Unter dem Foto steht noch ein gedruckter Text, der übersetzt lautet: Mein lieber Papa, Ich schreibe Dir, um Dir zu sagen, dass Dein kleines Mädchen keine Angst vor den Zeppelinen hat. Mach Dir keine Sorgen, und wenn es sein müsste, würde ich genauso mutig sein wie die kleine Denise Cartier. Ich umarme Dich fest. Deine Tochter, die Dich anbetet.

Ich habe keine Ahnung, wer Denise Cartier war. Interessanter ist ohnehin der in einer kleinen, aber energischen, stark nach rechts geneigten Handschrift verfasste Text auf der Rückseite. Am fünften Juni neunzehnhundertsechzehn schrieb mein Urgroßvater an seine eigene kleine Tochter, Mimi. Er beginnt mit der Aussage, dass das Mädchen auf der Postkarte sehr lieb sei, ihrem Vater, der wie er an der Front sei, zu schreiben; und er bittet sie, Mimi, darum, es ebenso zu tun, denn er wäre sehr froh darüber, ein kleines Wort von ihr zu erhalten. Diese Bitte eines Frontsoldaten um ein liebes Wort der kleinen Tochter endet mit der Versicherung, er umarme sie fest und liebe sie von ganzem Herzen.

Es ist das persönlichste Zeugnis, das ich von ihm kenne. Was man sonst noch weiß, in der Familie, ist, dass er, wie man heute sagen würde, ein Workaholic war, und eben ein self-made-man. Aus einer Metzgerfamilie stammend, hatte er bereits vor dem Krieg mit Fleiß, Intelligenz und System den Familienbetrieb maßgeblich vergrößert; seinen Kriegsaufenthalt in Belgien nutzte er dann, um trotz der widrigen Umstände Kontakte zu dortigen Viehhändlern zu knüpfen – das belgische Fleisch galt als besonders hochwertig. Nach dem Krieg weitete er seinen Vieh- und Fleischhandel auf das um neunzehnhundertzwanzig herum von der Bretagne noch sehr weit entfernte Belgien aus; offenbar eine gewinnbringende Sache. In seiner Stadt waren er und die seinen, wie noch der heutige

Bretonisch kostümiert, Papy als Dreijähriger

Bürgermeister es einmal gesagt hat, eine grande famille – eine große, bekannte, einflussreiche Familie, mit wachsendem Land-, Grundstücks- und Gebäudebesitz. Entsprechend lebten meine Urgroßeltern auf großem Fuße. Meine Urgroßmutter bestellte ihre Kleider aus Paris, wo sie beim Couturier ein Mannequin mit ihren Maßen stehen hatte. Autos, und nicht nur Transportfahrzeuge, waren eine Passion meines Urgroßvaters, der mein Papy wohl seine für die Bretagne der Zeit unüblichen Vornamen verdankt – Serge André, nach Serge André Citroën. Der Rennwagen, der in seiner eigenen Garage an der Place du Champ de Bataille stand, war allerdings ein Bugatti. Und auch Rennpferde hielt mein Urgroßvater, der offenbar eine Leidenschaft hatte für alles, was schnell war. Seine Tochter Mimi spielte, als schickes Bürgermädchen, Klavier; und alle seine vier Kinder wurden wieder und wieder fotografiert, meist in bretonischen Kostümen, die für sie wirklich Verkleidungen waren, weil sie im Alltag angezogen waren wie kleine Pariser.

Mein Urgroßvater starb vor dem Zweiten Weltkrieg mit vierundfünfzig Jahren an einer Bauchfellentzündung. Bestattet wurde er in der von ihm selbst in Auftrag gegebenen und, laut Dokumenten, auf ewig (à perpétuité) seiner Familie gehörenden Gruft auf dem Friedhof der Stadt, die für mich meine Großelternstadt ist, doch eben schon meine Urgroßelternstadt war. Erst sein verfrühter Tod, dann kam der Krieg – ab da schien das, was mein Urgroßvater aufgebaut hatte, sich eine Weile noch mühsam zu halten; doch in

Wahrheit ging es stetig bergab. Bis zuletzt die faillite kam, der Bankrott, die Katastrophe dieser Familie.

Und was blieb? Ich denke, seine Gutherzigkeit hat mein Urgroßvater in besonderem Maße seinem ältesten Sohn vermacht, Auguste, dem Drüsenkranken, der gleichfalls einen zu frühen Tod starb. Dann sind da noch die Dinge aus Ali Babas bretonischer Wunderhöhle, und eine Lebensart meiner Großeltern, die einfachen Metzgern nie recht entsprach. Der Fleiß, die Umtriebigkeit, die systematische Intelligenz von Papy sind Eigenschaften, mit denen es ihm nicht vergönnt war, das Familienunternehmen zu retten oder ein neues zu gründen, er, der zur Besitzlosigkeit Verurteilte; und doch, er setzte sie alle ein, wie sich noch zeigen wird.

Auf der anderen Seite ist die Angst davor, nicht genug Geld zum Leben zu haben, seit dem Bankrott Begleiterin dieser Familie; und wenn ich ehrlich bin, sind noch meine Geschwister und ich, die wir nie Mangel erlitten haben, nicht frei davon. Es ist eine Angst, die von Generation zu Generation geht; sie überträgt sich.

Auf beiden Seiten

Merkwürdig sind die Parallelen. Zwar, das bretonische Finistère und die sachsen-anhaltinische Altmark – das sind doch entgegengesetzte Pole und das eine für das andere wirklich das Ende der Welt? Trotzdem gab es auf der einen wie der anderen Seite, zeitlich ein wenig verschoben, diese beiden Urgroßväter der jeweiligen Großvaterseite, die, in ihren je eigenen Welten mit deren Strukturen und Bedingungen, sich und den von ihnen gegründeten Familien einen sozialen Aufstieg und eine angesehene Position erarbeiteten; einen Status, den sie beide als denkwürdig erachteten, weshalb sie sich und die ihren in zahlreichen Fotografien nicht nur ihren Zeitgenossen präsentierten, sondern darüber hinaus ihren Nachkommen, der Nachwelt. Es ist ein bürgerliches, einmal ein mehr bildungsbürgerliches und einmal ein mehr großbürgerliches Selbstbewusstsein, das aus diesen Bildern spricht, die in entsprechenden Alben gesammelt, angeordnet und aufbewahrt wurden.

Vielleicht ist diese Parallele noch nichts Besonderes. Alle sozialen Aufsteiger würden es genauso gemacht haben, in aller Herren

1886, links mein künftiger Urgroßvater, mit seinen Eltern und einem Angestellten

Länder Welt, oder?

Doch nun kommt der zweite Zufall hinzu, die Koinzidenz: Beide dieser Familien erleiden ihre eigene Katastrophe. Auf der einen Seite bedingt durch den zu frühen Tod der Gattin und Mutter, meiner deutsch-polnischen Urgroßmutter; auf der anderen ist es der Gatte und Vater, mein bretonischer Urgroßvater, der verfrüht stirbt. Und damit ist es mit der Sicherheit, dem Ausruhen auf dem Erarbeiteten, abrupt zu Ende: Die Kinder des Pfarrers wurden in

Rund dreißig Jahre später, als großbürgerlicher Patriarch

ganz Deutschland verteilt – die des Unternehmers sollten erst verzögert, im Erwachsenenalter, Schiffbruch erleiden. So oder so, an solchen Schicksalsschlägen könnten Familien zerbrechen.

Nur, in beiden Fällen passierte das nicht. Denn die neun übrig gebliebenen altmärkischen Halbwaisen finden wieder zusammen und halten bis in ihr hohes Alter Kontakt, halten zusammen und knüpfen mit ihren fotografischen Gruppenportraits sowie mit der hartnäckigen Vergabe des Familiennamens „Gerhardt“ bewusst und ausdrücklich an an den einst zerrissenen Faden ihrer Familiengeschichte. Und: Sie bewahren die Zeugnisse ihrer Eltern auf.

Es ist auffallend, wie viel von diesem Nachlass an Fotos und Dokumenten bis heute erhalten, in irgendeinem der weit auseinandergefächerten Zweige der Nachkommenschaft noch immer da ist; auch das Gratulationstelegramm der Kaiserin Auguste Viktoria ist noch immer aufbewahrt, sowie ein Kerzenleuchter des Pfarrerhaushalts. Und so ist es auch auf der anderen, der bretonischen Seite: Dasselbe Festhalten an den Dingen und Zeugnissen der durch den Bankrott stark beschädigten Familiengeschichte; auch hier, Papys von meiner Mutter übernommenes Familienarchiv. Und, auch auf beiden Seiten, der bretonischen wie der deutschen: Gerade in diesen urgroßväterlichen Linien, den namensgebenden von Generation zu Generation, ist eine besondere Identifikation mit diesem Namen, mit dieser Familie spürbar. Gerade hier – wo einmal ein Aufstieg und dann eine Katastrophe war und dann ein widerspenstiges Weitermachen und Überdauern.

Wir sind wir, auf beiden Seiten. Auf zwei Seiten, die in allem Übrigen so ungemein unterschiedlich sind. Aber beide Seiten sind meine Wurzeln.

IV.

Die Widerständigen

Vom Widerstand und vom Telefonieren

Es ist für mich beinah etwas seltsam, mir klarzumachen, wie widerständig beide Seiten meiner Familie waren. Würde man mich spontan gefragt haben, ich würde den Willen zum Widerstand mehr der bretonischen Heimat zugeordnet haben. Die Bretonen sind nämlich bekannt dafür. Das mag damit zusammenhängen, dass die Bretagne erst Ende des fünfzehnten Jahrhunderts Frankreich einverleibt und Jahrhunderte lang von den französischen Herrschern ausgebeutet wurde. Wo man sich unterdrückt fühlt, lehnt man sich auf. Nun könnte man eine Reihe historischer Rebellionen und Widerstandskämpfe als Beispiele anführen; ich belasse es bei einem.

Es ging um das Krankenhaus meiner Großelternstadt. Die Station für Geburten wurde geschlossen; alle sahen das ganze Krankenhaus in Gefahr – wo eine Abteilung wegrationalisiert wurde, würden nicht weitere folgen? Zudem sahen es die Einwohner und insbesondere Einwohnerinnen der nur kleinen Stadt dennoch nicht ein, als Citoyens, als Bürger der Republik zweiter Klasse behandelt zu werden. So lehnte sich, und das ist nicht übertrieben, die gesamte Stadt dagegen auf, geschlossen und angeführt von ihrem Bürgermeister. Alle gemeinsam, Jung und Alt, rebellierten erfinderisch und hartnäckig, über vier Monate lang. Die kleine Stadt kam damit in die großen Medien, tatsächlich erhielt sie ihre Geburtenstation zurück und drei Jahre später wurde ein Film an den Originalschauplätzen gedreht, der die reale Protestgeschichte zur Grundlage hatte, sie aber mit einer Riege bekannter Schauspielerinnen und einer Parallelerzählung über eine Bowling-Meisterschaft cineastisch frei nacherzählte.

Von beidem, dem realen Widerstand und auch von den Dreharbeiten am Film, erfuhr ich von meinen Großeltern, wenn wir telefonierten. Mamie und Papy waren mit auf die Straße gegangen, zur Rettung ihres Krankenhauses; und dann, als die Filmteams sich an der ihrem Wohnhaus nahen Place du Champ de Bataille aufhielten, spazierten sie, wie all ihre Nachbarn, neugierig hin. Mamie erzählte mir stolz, wie sie mit einem Kameramann geplaudert habe; sie habe ihn gefragt, ob es noch eine Rolle für sie in dem Film gebe, und er hatte mitgespielt und etwas darauf erwidert wie: Aber sicher, die Rolle der lieben alten Dame. Das mit dem Charme hatte Mamie noch immer voll drauf; Papy übrigens auch, wenn er wollte.

Wie gesagt, sie erzählten mir das am Telefon; denn seit meiner Neuannäherung an meine Großeltern als junge Erwachsene telefonierten wir regelmäßig. Sie stellten den Lautsprecher ihres Apparates auf laut, damit sie mich beide hören konnten; erst sprach der eine, dann der andere der beiden in den Hörer.

Es waren Telefonate, mit denen wir uns gegenseitig viel gaben. Sie hatten seit der faillite ein halbes Jahrhundert lang Widerstand gegen die Existenznot geleistet; ich übte mich erst seit wenigen Jahren darin. Aber man konnte gut gemeinsam darüber reden, und sich austauschen und auf diese Weise verbünden, gibt Widerständigen Mut.

Leben und Sparen

Meine Großeltern lebten sparsam. Seitdem ich zurückdenken kann, immer. Aber noch mehr sparten sie, als sie Rentner waren, denn ihre Rente war winzig. Sie gönnten sich fast nichts. Hier und da mal ein kleiner Ausflug, zum Picknicken oder zu Verwandten; Kleidung vom Markt oder im Angebotsverkauf; auch Dinge für das Haus nur von solchen Angeboten. Wo sie gleichfalls sparsam waren, aber trotz allem ohne den Anspruch an Qualität zu verlieren, war beim Einkauf von Nahrung. Niemals hätten sie schlechtes Billigfleisch gekauft! Und auch sonst keine ungesunden Ramsch-Lebensmittel. Für unsere Familienessen und die berüchtigten Dessertabende ließen sie sich nicht lumpen. Als Gastgeber waren sie großzügig. Vielleicht ist es nicht falsch zu sagen, dass solche Familieneinladungen der größte Luxus waren, den sie sich überhaupt gönnten. Aber was uns schier zur Verzweiflung brachte, war ihre Weigerung, in der kalten Jahreszeit genügend zu heizen.

Musste Papy Heizöl kaufen, kostete ihn das schlaflose Nächte. Diese Ausgaben! So viel Geld auf einmal! Und hatte er dann doch die Minimalmenge besorgt, durfte das Öl kaum verbraucht werden und Papy beheizte als einzigen Raum die Küche – mit einem Elektroheizer. Ob das wirklich billiger als das Wärmen mit der Zentralheizung gewesen sein kann? Wenn Papy an seinem Sekretär im unbeheizten Salon saß, wo er Stunden lang seine getanen Ausgaben festhielt und geplante durchkalkulierte, und er kam dann zu uns in die ein wenig gewärmte Küche, waren seine Wangen eiskalt, wenn wir ihm die bises, die Begrüßungsküsschen, gaben. Jeden Herbst beschworen wir ihn, beschworen wir beide: Heizt richtig, um gesund zu bleiben! Doch wir wussten, sie würden es nicht tun. Unterstützung in Form von Geld wollte Papy, dafür zu stolz, auch nicht; nur einmal, als das Heizöl besonders teuer wurde, hat er sich gequält etwas aufdrängen lassen; doch ich könnte wetten, dass er das Geld lieber zurückgelegt hat, statt es, buchstäblich, zu verheizen.

Wir haben als Kinder keine Geburtstags- oder Weihnachtsgeschenke von Mamie und Papy bekommen, und das war für uns völlig in Ordnung, wir wussten ja, sie hatten nicht viel Geld. Später, als sie merkten, dass meine Schwester und ich uns für alte Flohmarktdinge interessierten, erhielt jede von uns etwas aus dem Familienbesitz geschenkt, ich den alten Wasch- und Frisiertisch und ein Badschränkchen meiner Urgroßmutter, die ich abschliff, neu in Antikweiß anstrich und mich daran erfreute. Die Sachen kamen aus dem Keller, Ali Babas bretonischer Wunderhöhle. Ich sollte sie mit nach Deutschland nehmen, wo sie in meine erste eigene Wohnung kamen – Omas einstige Wohnung. Auch ich sollte darin nur sparsam heizen. Das lag am wissenschaftlichen Prekariat.

Kleine Rebellen

Um aber etwas auszuholen: Meine Schulzeit verlief noch undramatisch; nur dass ich wohl ziemlich rebellisch war. Als man in Klasse sieben Französisch oder Latein wählen durfte, wählte ich Latein. Als man in Klasse neun Französisch oder Biologie wählen durfte, wählte ich Biologie. Warum? Hauptsächlich darum, weil alle erwarteten, ich würde vernünftig Französisch wählen. Und weil ich keine Lust darauf hatte, mit den anderen Schülern bei null zu beginnen und mich tot zu langweilen. Schlussendlich gab es einen Französischlehrer, ein grapschiger und mir unsympathischer

Mann, der mich, als ich in der fünften oder sechsten Klasse gewesen war, in seinen Unterricht mit irgendwelchen „Großen“ hereingeholt, mich vor die Tafel gestellt und dazu aufgefordert hatte, eine Grammatikaufgabe vor allen zu lösen. Als ich ihm gesagt hatte, ich könne es nicht, war er überaus zufrieden gewesen. Diesem Lehrer wollte ich aus dem Weg gehen.

Er hatte mich übrigens zu früh in seinen Kurs geholt, oder das Falsche gefragt. Französisch vorlesen, das hätte ich gekonnt. Gelernt hatte ich es von Asterix und Obelix, von wem auch sonst? Mein Vater hatte alle der Comicbände, natürlich auf Französisch, und schon als kleines Kind liebte ich es, sie durchzublättern und mir die Geschichten zu den Bildern zusammenzureimen. Als ich auf Deutsch lesen lernte, las ich auch in den französischen Comics die groß und fett gedruckten Worte. Nun ja, „Worte“ ist viel gesagt; es waren meistens die Schmerzensschreie der Römer, Aaaarghhhhh! oder Aïaïaï! Mit dem Älterwerden wollte ich genauer wissen, worum es in den Geschichten ging, daher entzifferte ich auch das Kleingeschriebene. Die Bilder halfen beim Verstehen der Wörter, und so lief es irgendwann wie von selbst. Der erste französische Roman, an den ich mich heranwagte, war dann ein Geschenk von Mamie – Le Blé en herbe, von der Autorin Colette; die Geschichte eines Jugendlichen, der von einer erwachsenen Frau in die körperliche Liebe eingeführt wird, während er in eine Gleichaltrige verliebt ist. Das erste Mal, dass ich es las, war ich noch etwas jung für das Thema; doch als ich es später erneut las, zog es mich in seinen Bann. Ab da verschlang ich nicht mehr nur deutsche Bücher, sondern auch französische; fast alles, was mir in meinem Elternhaus unter die Hände kam.

Die französische Grammatik, die ich beim Sprechen und Lesen verstand und benutzte, lernte ich in ihren Regeln dann auch noch, und zwar über die Nachhilfe. Eines Tages rief eine Dame bei uns an, erklärte, meine Kontaktdaten von einer Lehrerin meiner Schule bekommen zu haben, und fragte, ob ich ihrem Sohn in Französisch Nachhilfe geben könne. Ich tat es und gab bald auch seiner älteren Schwester Stunden, sowie noch einem weiteren Mädchen. So lernte ich die grammatikalischen Regeln, indem ich sie anderen erklärte.

Dass ich das Fach Französisch nie in der Schule gehabt hatte, sollte mich später nicht daran hindern, an der Universität französische ebenso wie englische Literatur zuzüglich zur deutschen mit zu erforschen. Und noch etwas später sahen zwei Schulleitungen nicht so genau hin und ließen mich Siebt- bis Elftklässler meine, im wörtlichen Sinne, Muttersprache ganz ohne entsprechende Zeugnisse, geschweige denn Examina unterrichten.

Doch zurück zu meiner eigenen Schulzeit. War es ein bretonisches Widerstandsgen? In der Mittelstufe wurde ich oft zum Schulleiter zitiert, zusammen mit meinem besten Freund Marc; der Schulleiter hatte einen Namen für uns: die kleinen Rebellen. Es lag an unserer Mitarbeit in der Wühlmaus, der Schülerzeitung. Unsere Schule war eine Gesamtschule; als aber in Erwägung gezogen wurde, eine Aufteilung in A-, B- und C-Klassen ab Jahrgangsstufe sieben zu machen, gab unser Chefredakteur, Dennis, Marc und mir den Auftrag: Schreibt dazu einen kritischen Artikel! Auch hatte er einen Titel dafür: Ab der siebten wird gesiebt. Was haben Marc und ich einen Ärger wegen dieses Titels bekommen! Man machte uns die bittersten Vorwürfe darüber, die wohlwollenden Absichten der Schulleitung in den Dreck zu ziehen. Allerdings musste der Schulleiter selbst ein wenig schmunzeln, als er uns die Beschwerden aus dem Lehrerzimmer pflichtschuldig weitergab.

So war es bei unserem nächsten Besuch seines Büros wieder. Diesmal hatten Marc und ich eine, wie wir fanden, geniale Idee gehabt, und die Zukunft sollte bestätigen, dass wir nichts anderes als Genies vor unserer Zeit gewesen waren: Im Vorgriff auf die heute so heißgeliebte Feedback-Kultur, erfanden wir die Stiftung Warentest für Lehrer. Wobei der Begriff der „Ware“ vielleicht etwas ungeschickt gewählt war. Das Prinzip war aber gut: Wir legten, mit Erlaubnis eines Lehrers, den wir vorher gefragt hatten, dessen Schülern einen Katalog mit Fragen zum Unterricht vor. Es waren sorgsam erwogene, faire Fragen, und unser Test-Lehrer hatte nichts gegen sie einzuwenden gehabt. Nur gegen die Testergebnisse hatte er etwas. Vermutlich hatte dieser kleine und selbstverliebte Mann erwartet, er werde überall nur die besten Feedbacks erhalten, aber es waren auch kritische Rückmeldungen dabei. Fortan war er wütend auf uns; und das war noch unangenehmer als die Tatsache, dass der Schulleiter uns die Fortsetzung unseres Skandalerfolgs (bei den Schülern) auf ewig verbot. Den beleidigten Lehrer hatten wir im Fach Chemie; und fortan war es ein Spießrutenlauf, bei ihm im Unterricht zu sitzen und mal ignoriert, mal böse angefahren zu werden; natürlich litten auch die Noten darunter. Heutige Schüler würden zu ihren Eltern oder zur Schulleitung gehen, um sich zu beschweren; ich erzählte zuhause nur beiläufig von meinem Schulärger, aber als mein Vater fragte, ob er mit dem Chemielehrer reden solle, lehnte ich ab. Ich wollte mit meinen Angelegenheiten allein zurechtkommen.

Von der Kunst zur brotlosen Kunst des Forschens

Was wird aus einem jungen Menschen, der zwischen zwei Heimaten aufwächst? Hat man etwas davon? Oder ist es mehr hinderlich?

In der Mittelstufe hatte ich noch keine Ahnung, was ich einmal werden wollte. Zwar absolvierte ich in Klasse acht ein Betriebspraktikum, dessen lebensprägendes Ergebnis es war, endlich einen Hund in mein Elternhaus einzuschleusen (nach den Meerschweinchen im Garten und den Farbmäusen in meinem und meines Bruders Zimmer). Fortan gehörte ein zuhause auf mich wartender Hund untrennbar zu meinem Gefühl des Beheimatetseins. Aber Tierpflegerin wäre ich nicht geworden.

Auch in der Oberstufe, die ich selbstredend besuchte, da ich ja keine anderen Pläne hatte, hatte ich keinen speziellen Berufswunsch. Doch etwas änderte sich hier: Hatte ich in der Mittelstufe (wie alle Teenager) den Unterricht mehr über mich ergehen lassen – immer mit Ausnahme des mich begeisternden Faches Kunst –, fing er jetzt an, mir Spaß zu machen. Die Themen sprachen mich an, und dass die neuen Lehrer einen ernst nahmen. Ab Klasse zwölf konnte ich Kunst als Leistungskurs wählen; das Fach passionierte mich weiterhin, aber es kam ein neues Lieblingsfach hinzu: die Philosophie. Denn allgemein wurde es mir in dieser Zeit bewusst, dass es nicht für jeden normal war, über alles so viel nachzudenken, wie ich es unentwegt tat. Es war eine Feststellung, die mich maßlos überraschte. Hinzu kam die Erkenntnis, dass das Denken, das logische, mir einfach lag. Und ich frage mich, ob ein Anstoß zu dieser Übung im Nachdenken und Reflektieren, im Vergleichen und kritischen Distanznehmen nicht wirklich, zumindest auch, von meinem fußlosen Schwimmen zwischen zwei Heimaten herrührte, mit ihren zwei Sprachen, Kulturen und Denkweisen?

Jedenfalls, zum ersten Mal in meinem Leben entwickelte ich Ehrgeiz. Zwar muss ich gestehen, dass ich zuhause sehr wenig für die Schule arbeitete, aber im Unterricht beließ ich es nicht mehr beim „aufmerksamen Mitdenken bei vornehmer Zurückhaltung im Melden", wie mein Mittelstufen-Deutschlehrer es formuliert hatte. Jetzt sprach ich aus, was mir durch den Kopf ging, und bemerkte, dass durch das Mitmachen sogar die langweiligsten Unterrichtsstunden kurzweiliger wurden. So lief die Oberstufenzeit für mich erfreulich; auch wenn ich es ein wenig bereute, vordem kein Französisch gewählt zu haben, da ich deshalb keinen Französisch-Leistungskurs belegen konnte. Und auch nicht Deutsch; denn in Kombination mit dem Leistungskurs Kunst war das unmöglich. Jedoch machten es mir meine Französischkenntnisse sehr leicht, Spanisch zu lernen (und später Italienisch); und ich hatte im Grundkurs eine überaus fähige und innovative Deutschlehrerin, die mir etwas Wertvolles mit auf den Weg gab.

Sie machte etwas vollkommen Unübliches und ließ uns als Klausur keine Buchinterpretation, sondern einen kreativen Text schreiben. Wir hatten Peter Handkes Roman Die linkshändige Frau gelesen und sollten nun in die Rolle Franziskas schlüpfen, der Freundin der Protagonistin Marianne, und aus ihrer Perspektive einen Tagebucheintrag schreiben, zu Mariannes Lebenssituation. Diese Aufgabenstellung kam unerwartet, wir hatten so etwas nicht geübt. Ich schrieb einfach los. – Irgendwann war die Doppelstunde zu Ende und mein Text auch; ich kam gleichsam zu mir und verließ Franziska, die ich in einem zeitlosen Moment des Schreibens gewesen war. Ich gab die Klausur ab; ich hatte keine Ahnung, ob das, was ich geschrieben hatte, gut oder schlecht war.

Umso größer mein Erstaunen, als meine Deutschlehrerin bei der Klausurrückgabe unter vier Augen mit mir reden wollte. Damals waren Vier-Augen-Gespräche zwischen Lehrern und Schülern selten. Es musste schon etwas Besonderes vorgefallen sein; und für meine Lehrerin war es das: Sie drückte eine Begeisterung über meinen Text aus, der mich überrascht und verlegen machte;

dann sprach sie von literarischer Begabung und ermutigte mich dazu, dass ich „etwas daraus machen“ solle. Ich hatte als Kind Geschichten geschrieben, teilweise abgetippt auf der Schreibmaschine meines Vaters; aber immer hatte ich mehr gemalt, gezeichnet, gebastelt. Es war das erste Mal in meinem Leben, dass eine erwachsene Person, und jemand, der etwas von Sprache verstand, mir ernsthaft sagte, dass mein Schreiben etwas tauge. Vergessen sollte ich das nie; trotzdem machte ich zunächst gar nichts weiter daraus, sondern blieb meiner geliebten Kunst treu.

Das Abitur kam, und damit die schon drängendere Frage: Was danach? Natürlich etwas mit Kunst, das war klar; ein Kunststudium am besten; aber wo? Wer zwischen zwei Heimaten pendelt, findet es entweder besonders leicht, sich noch anderswohin treiben zu lassen, oder besonders schwer. Für mich galt das Letztere. Mir genügten meine zwei Heimaten, ich hing an ihnen und wollte nicht irgendwohin in die Fremde. Zum Reisen, ja; aber nicht zum Leben. Und nicht mit den mittlerweile zwei Hündinnen, deren Leitmensch ich war und von denen ich mich nicht hätte trennen mögen. Also blieb nur die Nachbarstadt; und da Kunst als brotlos zu befürchten war, plädierten meine pragmatischen Eltern – beide Lehrer – dafür, ich solle doch gleich Kunst auf Lehramt studieren. Ich kam dem sogar nach – ohne Interesse am Lehramt.

Den Eingangstest für das Kunststudium fand ich enttäuschend: Er war so einfach. Dann war es mit den Seminaren ähnlich. Sicher, es machte Spaß, verschiedene Kunsttechniken auszuprobieren; aber ich hatte stets das Gefühl, ich würde nicht genug gelehrt bekommen. Zudem empfand ich die Pädagogikseminare als lästig, war ich doch wegen der Kunstpraxis da. Als zweites Fach studierte ich, für mich natürlich, Germanistik, oder genauer: Neuere Deutsche Literatur. Und überraschenderweise, als ich vom Kunststudium und daher vom Studium überhaupt so enttäuscht war, dass ich dem abwegigen Traum nachhing, nach Cremona zu gehen und dort Geigenbau zu erlernen – da kam das Unerwartete, das die Wende gab: ein Seminar bei einem besonderen Professor. Einem Professor der Neueren Deutschen Literatur.

Von diesem Professor hatte der Mentor, der mich mit anderen Neuen in das Studium eingeführt hatte, ausdrücklich gewarnt:

Geht ihr zu ihm, hatte er gesagt, riskiert ihr, alle anderen Lehrveranstaltungen zu vernachlässigen. Der ist so gut, dass ihr nur noch für sein Seminar arbeiten wollt. Er warnte uns auch davor, dass die Veranstaltungen dieses berüchtigten Dozenten derart überfüllt seien, dass man Glück haben müsse, nicht herausgelost zu werden. Das hatte mich die ersten drei oder vier Semester davon abgeschreckt, eine Teilnahme an einem solchen Seminar überhaupt zu versuchen. Dann, für mich etwas verblüffend, fand ich mich doch eines Tages in einer seiner Lehrveranstaltungen wieder; es sollte um ein Thema aus der Romantik gehen. Doch der Professor kam in den Seminarraum mit der Begrüßung, wer wegen des Romantikthemas da sei, könne gehen; das neue Seminarthema laute: Gartenkunst und Literatur. Und er erklärte, dass es einen Sonderforschungsbereich Erinnerungskulturen an der Universität gebe. Er selbst sei mit einem Teilprojekt dabei – zu unserem Seminarthema.

Dieses Seminar hat mich von Beginn an gefesselt. Es ging mir förmlich unter die Haut. Warum? War es das Thema? Auch; denn die Texte und Gärten, um die es ging, waren nicht nur deutsche, sondern auch englische und französische. Die Schriften, die wir im Seminar in deutschen Übersetzungen lasen, beschaffte ich mir in Originalsprache. Doch das allein war es nicht. Es war der Umstand, dass vor uns ein Professor stand, der nicht schon genau wusste, was er uns beibringen wollte. Gewiss hatte er seinen Wissensvorsprung; aber er selbst wollte ja gerade mit uns Studenten interessante Texte und Gärten studieren. So ernst nahm er es, wenn jemand von uns etwas Gutes, zu Verfolgendes, etwas Anregendes sagte, dass er es notierte. Das vermittelte uns: Wir lernten nicht nur von ihm, wir lernten mit ihm; nein, wir forschten gemeinsam, genauer gesagt. Wir forschten an einer Sache, die noch nicht erforscht war, und das – und dass der Professor meine Aussagen ziemlich oft mitnotierte –, das war es, was mich mitriss.

Zum ersten Mal seit Beginn meines Studiums hatte ich das Gefühl, zur rechten Zeit am rechten Ort zu sitzen. Es war der Beginn von etwas, womit ich nicht gerechnet hatte: Die Uni wurde für mich eine Art neue Heimat. Eine neue, intellektuelle Heimat auch deshalb, weil dieser hin- und mitreißende Professor mir noch im selben Semester eine Stelle als studentische Hilfskraft anbot. Was mein Lehramtsstudium betraf, war er es, der klarstellte: Ach was, du meldest dich zu einem Doppelstudium an, Lehramt und Magister Artium, und dann machst du weiter und bleibst an der Uni!

Er war es, der mir die Perspektive gab, die ich gebraucht hatte: Professorin würde ich werden und dieses Erforschen zu meinem Beruf machen, das mir so lag, weil ich es letztlich schon immer getan hatte – nachdenken, über alles; Dinge herausfinden und gedanklich durchdringen; Denkmuster und Sprachen und Kulturen vergleichen. Das alles konnte ich anbringen, wenn ich für diesen Professor arbeitete, der forschend stets über den Tellerrand schaute, dem es nie nur um deutsche Literatur ging. Kurzum, es war so, als hätte ich meine Bestimmung gefunden und einen Beruf, über den ich meine besonderen Fähigkeiten, und gerade die einer Schwimmerin ohne Fuß und Pendlerin zwischen zwei kulturellen Heimaten, nutzen und frei entfalten könnte.

Und so kamen nach der Magisterprüfung die Semesterferien in der Bretagne, allerdings mit dem Stranden im Niemandsland, in der Normandie; und dann, im Oktober, nachdem ich meinen ersten Vortrag gehalten und meine Mutter aus dem Universitätskrankenhaus von Caen abgeholt hatte, der eigentliche Beginn meiner Laufbahn als Nachwuchswissenschaftlerin. Ich war glücklich. Was kümmerte es mich, dass meine neue Arbeit ein Tausend-Euro-Job war?

Verlockung der Ferne

So war ich an der Uni „angekommen“, und angekommen im wissenschaftlichen Prekariat. Nur dass ich das noch nicht so recht bemerkte; noch wurde ich von meinen Eltern unterstützt und wohnte im Elternhaus. Das wäre auch nicht anders gegangen. Ich brauchte ein Auto, um zur Arbeit zu fahren, und in meine andere Heimat. Ich brauchte ein Auto, weil das für mich ein Stück Freiheit war. Ich war neugierig auf die Welt und konnte einfach mal losfahren, an den Bodensee etwa oder anderswohin, wo man an einem langen Ausflugstag hin- und zurückkam. Aber ein Auto und eine Miete zu finanzieren, das ermöglichte mir mein Einkommen nicht. Vielleicht deshalb kam es zu dem Paradox, dass meine Eltern zwar ungemein stolz auf alles waren, was ich als Nachwuchsforscherin erreichte, gleichzeitig jedoch meine Arbeitsstelle als solche nie ganz anerkennen konnten. Da diese Arbeit kaum zur Selbstversorgung gereicht hätte, war es für sie keine richtige Arbeit.

Wir wohnten zuhause wie in einer WG. Wir waren alle viel unterwegs, jeder lebte sein Leben, aber wir trafen uns (meistens) zum Mittagessen oder um mit den Hunden spazieren zu gehen und dabei zu reden. (Hundespaziergänge sind dafür wunderbar: Man hat Zeit und entspannte Bewegung, die Gedanken bewegen sich mit, und so auch die Gespräche.) Es sollte ausgerechnet mein introvertierter Bruder sein, der als erster das heimische Nest verließ und nach Kairo, dann nach Halle ging, um Orientalistik und Romanistik mit Schwerpunkt Literatur zu studieren. Sogar meine kleine Schwester sollte vor mir ausziehen; sie, die bodenständigste von uns dreien, ging in die Pfalz, ins Referendariat. Als einzige von uns Geschwistern wollte sie in die Fußstapfen unserer Eltern treten und Lehrerin werden, für Französisch und Englisch. Ich aber blieb; wobei es mir bewusst war, dass ich zwar ungern zum Leben in die Fremde hinausziehen wollte, jedoch auf längere Sicht dazu bereit sein musste, genau das zu tun – dorthin zu ziehen, wo man mir Arbeit anbieten würde, nach Abschluss meiner Promotion.

Angebote, an andere Forschungsorte zu gehen, bekam ich schon vorher. Das erste Mal von einem Dozenten, der als Gast an meine Universität kam, um dort zu lehren. Er kam aus Halle, vom Zent-

Hunderunde am Meer

rum für Aufklärung und Pietismusforschung. (Halle, die Stadt der Franckeschen Stiftungen mit ihrer Wunderkammer; der Ort, der meinen Urgroßvater geprägt und zu dem gemacht hatte, der er geworden war. Die Stadt auch, in die mein Bruder auf einige Jahre gehen würde. Ein Kreuzungsort meiner Familiengeschichte.) Jedenfalls, ich fiel diesem Dozenten auf; und so fragte er mich behutsam – da er mich nicht hinterrücks von meinem Professor abwerben wolle –, ob ich es mir nicht vorstellen könne, im Zentrum für Aufklärung und Pietismusforschung für ihn zu arbeiten? Ich gebe zu, ich war erfreut und auch geschmeichelt; einerseits hätte es mich verlockt, es auszuprobieren, aber letztlich stand mir das Übliche im Weg: meine Anhänglichkeit an die deutsche Heimatregion, die sich aus der tieferen, latenten Heimatlosigkeit des Schwimmens ohne Fuß begründete. Auch wollte ich meinem Professor, der mich auf den Weg der Forschung gebracht hatte, treu bleiben. Also blieb ich.

Die zweite Einladung kam von einer amerikanischen Professorin. Auch sie war als Gast an meiner Uni, und mein Professor bat mich darum, ihr etwas von der Gegend zu zeigen. Also fuhr ich mit ihr in meine Elternstadt, wo wir das Haus besichtigten, in dem einst der junge Goethe Charlotte Buffs Anziehungskraft erlegen war. Es war zur Adventszeit, das Museumswohnhaus war kürzlich renoviert worden; man hatte eine indirekte und milde Beleuchtung angebracht, um zu suggerieren, wie es gewesen war, nur mit Tages- und Kerzenlicht das Haus zu bewohnen. Es war später Nachmittag, die Dunkelheit kam; die Professorin und ich waren die letzten Besucherinnen, und das von geheimnisvollem Dämmer erfüllte Haus, das leise Knarzen der alten Holzböden, die Präsenz dieser zierlichen Möbel aus einer lange vergangenen Zeit und das Wissen um die Geschichte, die sich an diesem Ort abgespielt hatte, sowie um die andere, die Romangeschichte, die so ihre Geburtsstunde fand – all das berührte uns, und es berührte uns gemeinsam. Danach gingen wir noch durch die adventsbeleuchteten Straßen der Altstadt; ein Band war zwischen mir und dieser intelligenten und faszinierenden Frau an diesem Spätnachmittag entstanden.

Ein paar Jahre später besuchte sie mich noch einmal, diesmal bei mir zuhause, in Omas Wohnung, die meine geworden war. Sie fühlte sich wohl in dieser Wohnung, angeheimelt von der Atmosphäre, dem Licht, den Ausblicken ins Grüne, denn diesmal war es Sommer. Wir machten einen Ausflug nach Weilburg und Braunfels. Nach Braunfels, weil das mittelalterliche Schloss auf seinem Hügel in der Regel ein Highlight für amerikanische Besucher ist; für meine Begleiterin war es jedoch anders und sie zog dem mittelalterlichen das barocke Weilburger Schloss vor, mit seinen südlich anmutenden Parterres und dem in Quincunxformation angelegten Boskett uralter Linden. Gerade diese alten, beseelt wirkenden Bäume hatten es ihr angetan – noch etwas, was wir teilten. Es war nach diesem zweiten Besuch, dass sie mich auf eine Einladung zu sich nach Amerika ansprach, an die Universität, an der sie forschte und lehrte. Und es war genauso wie mit Halle: einerseits die Verlockung, die große Verlockung, hinaus in die Welt zu ziehen – doch andererseits das Festhaltenwollen. Und auch die Tatsache, dass es schwierig, wohl unmöglich gewesen wäre, Garou, meinen von mir unzertrennlichen Hund, in die Staaten mitzunehmen. Also blieb ich.

Ein weiterer Abschied

Auch lag ja kein Zwang vor, zu gehen. Ich hatte meine Arbeit. Zwar war mein Arbeitsvertrag befristet und wurde jedes Jahr, dann in kürzeren Intervallen verlängert; aber meine Doktorandenstelle war auf fünf Jahre angelegt, und solange schien es sicher, dass ich da, wo ich war, bleiben konnte. Und es war eine sehr gute, erfüllte Zeit. Manchmal zutiefst auslaugend, denn dass ich offiziell eine halbe Stelle hatte, war freilich ein Witz: Beim Forschen gibt es keinen Feierabend, der Geist arbeitet auch dann weiter, wenn er es gar nicht mehr sollte. Und dennoch, eine abwechslungs- und erlebnisreiche Zeit, mit unglaublicher Freiheit der Selbstorganisation, und ich nutzte sie, um so viel zu lernen – nur eines nicht: mich zu verbiegen.

Zwei Dinge konnten mir nie gelingen, und ich meine, das hat mit der Angewohnheit des gedanklichen Perspektivwechsels zu tun, antrainiert durch das Leben in den zwei Heimatwelten: Man kann mich über meine Begeisterungsfähigkeit für etwas gewinnen, oder meinen Sinn für Loyalität. Aber es liegt mir fern, mich blind mit etwas zu identifizieren oder mich unhinterfragt befremdenden

Regeln anzupassen, auch wenn es von mir gewünscht oder gar verlangt wird. Und mich aus Opportunismus verbiegen, kann ich erst recht nicht.

Als ich als Nachwuchswissenschaftlerin anfing, im vollsten Enthusiasmus, hatte ich ein geschöntes Bild von meinem Tätigkeitsfeld. Nach und nach musste ich das korrigieren. Nicht alle Professoren waren so wie mein Chef und Doktorvater, der selbst, bei aller Intelligenz und inneren Aufgeklärtheit, im Kern ein bleibender Enthusiast und Idealist war. Wie in jedem Betrieb, gab es auch in diesem kleinere und größere, harmlosere und hässliche Intrigen; und es gab unter meinen Bekannten im „wissenschaftlichen Mittelbau" diejenigen, welche es im Konkurrenzkampf lernten, die Ellenbogen spitz auszufahren und zu benutzen. Die es lernten, sich anzubiedern und eigene Überzeugungen über Bord zu werfen. Ich behaupte das nicht von allen; aber wer weiterkommen wollte, war verlockt, es zu tun.

Ich tat es nicht. Ich lebte immer noch in der Überzeugung, es würde genügen, einfach sehr gut zu sein. Doch da irrte ich. Als meine Promotion abgeschlossen und meine Doktorandenstelle ausgelaufen war, war ich wieder am Schwanken. Mir war es bewusst, dass ich, würde ich im universitären Bereich bleiben wollen, mich gleichfalls dafür verbiegen, und noch dazu mein ganzes Leben allein darauf einstellen müsste. Ich müsste bereit sein, auch nur für wenige Monate befristeter Arbeit irgendwohin zu gehen – sollte es überhaupt einen Anschlussvertrag geben. Mein Professor war nun emeritiert, konnte mir nur noch eingeschränkt weiterhelfen; ich hätte mich, als er noch mein Chef gewesen war, bereits nach einem anderen Förderer umsehen müssen, aber das hatte ich nicht gekonnt, es wäre mir unloyal erschienen, und zudem hatte ich mich in meinem letzten Vertragsjahr ganz auf die Fertigstellung der Dissertation konzentriert.

Nun stand ich da, wie der berühmte Tor, so klug als wie zuvor; in einer Zeit, in der die Gelder für Geisteswissenschaften gekürzt wurden. Trotzdem gelang es mir, nacheinander drei Stipendien zu erwerben, mit denen ich meine Passion des Forschens – und des Schreibens – um ein paar Jahre verlängern konnte. Denn das hatte ich im Laufe meiner Jahre an der Uni für mich herausgefunden:

dass das Schreiben für mich zum Forschen gehörte; dass schreiben eine Form des Denkens ist, nämlich des inspirierten Denkens.

Es war so, dass mein Schreiben nie bloß ein Aufschreiben im Voraus überlegter Gedanken war, sondern ein Prozess, der aus tieferen Schichten Ideen befreite und neue Verknüpfungen daraus hervorbrachte. Meine Texte spiegelten diese Findungsprozesse wider, was in meiner Magisterarbeit und verschiedenen Aufsätzen als besondere Stärke gelobt worden war. Aber für die Dissertation hatte ich, etwas unglücklich, einen Romanisten als Zweitgutachter gewählt, den ich eigentlich nicht weiter kannte. Und der empfand meine Schreibweise als problematisch. Gewiss, meine Doktorarbeit war formal untypisch, und gerade für den konservativen deutschen Geisteswissenschaftler etwas suspekt: Sie war zu „schön", zu künstlerisch, oder, wie der Vorwurf des Zweitkorrektors lautete: zu essayistisch. Da konnte der Inhalt noch so innovativ sein, dabei solide recherchiert und tiefgründig; die Form stimmte nicht. Und plötzlich fand ich mich damit konfrontiert, froh sein zu sollen darüber, meine Promotion überhaupt anerkannt zu bekommen – eben nur nicht mit Bestnote. Auch das war ein Grund dafür, der Uni den Rücken zu kehren. Gerade in meinem Schreiben – das die Spur meines Denkens war – konnte und wollte ich mich nicht verbiegen.

Doch letztlich brachte meine Art des Schreibens mir Verlage für meine Bücher ein und die besagten Stipendien, um diese Bücher überhaupt erst zu schreiben. Nur, die Stipendien wurden nicht besser als die Vertragsarbeit an der Uni honoriert und hatten kürzere Laufzeiten. Mittlerweile lebte ich zur Miete in meiner eigenen Wohnung, war sparsam, es gewohnt, genau zu kalkulieren; doch jetzt wurde meine Situation wirklich prekär. Und in dieser Zeit wurden Mamie und Papy für mich wichtige Stützen. Nun waren wir, wie nie zuvor, verbunden als Widerständige gegen die Existenznot.

On ne peut pas toujours comme on veut

On ne peut pas toujours comme on veut – man kann nicht immer so, wie man will. So sagte Papy, und er musste es wissen, wenn wir über meine unsichere Zukunft sprachen. Er, der Ingenieur werden wollte und Metzger geworden war, auf dem Papier sogar nur als Angestellter seiner Frau, da er selbst keinen Besitz und Betrieb haben durfte. Doch ich sträubte mich, sträubte mich lange. Noch wollte ich das Forschen und Schreiben nicht aufgeben.

Tatsächlich verwarf ich ein Berufsangebot, aus der Überzeugung, dass es mich nicht glücklich gemacht hätte. Ich hätte mich um die Leitung des Textilmuseums in Krefeld bewerben können, so wurde es mir von Museumsseite aus mit Nachdruck nahegelegt. In Verlängerung eines Stipendiums zum Schreiben einer Kulturgeschichte der Trauerkleidung, hatte ich in Krefeld eine ziemlich schräge Ausstellung mitvorbereitet, nicht mit historischen, sondern mit nachgeschneiderten Trauerroben aus Russland. Doch fühlte ich mich sowohl in Krefeld, wie auch im Bereich der Textilien derart fremd und unverortet, dass es einfach nicht ging. Ich konnte die Bewerbung nicht abgeben. Also doch weiter mit der Jagd nach Stipendien. Als ich eines erhielt und es mir wieder aberkannt wurde – der Stiftung sei das Geld ausgegangen, hieß es –, da wurde die Lage fatal kritisch.

Bei einem anderen Versuch, an Drittmittel zu kommen, hatte ich eine Historikerin kennengelernt, eine sehr kluge und umtriebige Frau, der es gelungen war, sich bis kurz vor ihrem fünfzigsten Lebensjahr mit befristeten Verträgen durchzuhangeln. Nur zum Erlangen einer Professur hatte es an Glück oder Vitamin B oder sonst was gefehlt. An ihr sah ich die typischen Anzeichen, die ich an anderen langjährigen Forschern in prekären Arbeitsverhältnissen auch schon beobachtet hatte: die Angst davor, mit fünfzig noch keine Professur zu haben und dann auch keine Chance mehr darauf; die Angst davor, mit leeren Händen dazustehen und ohne Rücklagen, die man nicht hatte machen können; und schließlich, die existenzielle und wohlbegründete Angst vor Hartz IV. Wer sich mit befristeten Verträgen durchhangelt, kann in Phasen der Erwerbslosigkeit nicht immer die durchgehenden zwölf Monate Arbeit nachweisen, die den Anspruch auf Arbeitslosengeld I sichern würden.

Als meine Bekannte in das gefürchtete Hartz IV abrutschte, überkam sie eine weitere, noch größere Angst: die Angst vor dem von Amts wegen eingeforderten Umzug in eine kleinere Wohnung. Denn das hieß: die Angst um ihre Arbeits-, also Lebensgrundlage – ihre Bücher. In ihrer Verzweiflung meldete sie eine Ich-AG an, ohne im mindesten an das ausgedachte Projekt zu glauben, einfach nur, weil sie damit Zeit in ihrer Wohnung, mit ihren Büchern gewann; Zeit, um mit wachsender Verzweiflung nach einem für sie passenden Existenzerhalt zu suchen. Sie kämpfte sich durch und fand zuletzt eine Stelle, in Skandinavien. Aber der Weg dahin war lang, hart und kostete sie ihre Beziehung sowie das Leben in ihrer geliebten Heimatstadt Hamburg.

On ne peut pas toujours comme on veut. Noch einmal setzte ich alles auf eine Karte und bewarb mich mit einem ausgeklügelten Projekt um ein Stipendium bei der Deutschen Forschungsgesellschaft. Eine Professorin meiner alten Universität unterstützte mich mit einem Gutachten, sagte aber geradeheraus, dass es viel zu viele Bewerber für zu wenige Stipendien gebe, und darunter genügend mit dem berüchtigten Vitamin B. Aber die DFG sollte meinen Antrag nicht ablehnen; sie forderte mich nur dazu auf, ausgehend von zwei, allerdings in ganz andere Richtungen gehenden Gutachten den Projektantrag zu überarbeiten und erneut vorzulegen. Meine Professorin gratulierte mit vollem Überschwang. Doch es hatte Monate gedauert, den Antrag auszuformulieren, und weitere Monate hatte ich nicht. Ich musste von etwas leben.

Hatte ich gesagt, dass ich neben den Forschungsstipendien her Jobs in Schulen angenommen hatte? Zunächst waren es nur wenige Stunden gewesen, weil mir so die gesetzliche Krankenkasse bezahlt wurde. Dann, und das hatte mir sogar gefallen, hatte ich eine halbe Stelle am Hessenkolleg, wo junge Erwachsene das Abitur nachholen. Diese Erwachsenen, die eine zweite Chance im Leben suchten und dem Alter nach wie meine Studenten an der Uni waren, strebten aufrichtig nach Wissen und waren überaus dankbar, wenn sie von einer nicht nur fachkundigen, sondern auch empathiefähigen Person unterrichtet wurden; die meisten von ihnen hatten wenig Selbstbewusstsein im Umgang mit Lernen und Bildung. Es war schön zuzusehen, wie manche Studierende ihre geistigen Flügel entdeckten und dann entfalteten, was ich so poetisch ausdrücken muss, weil es auf seine Weise poetisch war. Natürlich war auch diese Aushilfsstelle nur eine mit befristetem Vertrag gewesen, aber im Hessenkolleg hätte ich heimisch werden können, dachte ich; nur, nach einem weiteren Jahr mit anderem befristeten Schuljob wurde es klar, dass auch dieser Existenzerhalt, und vielleicht eine Rückkehr an das Hessenkolleg, nur durch ein wirkliches Opfer zu haben war: nachgeholte Lehramtsprüfungen an der Uni, und dann das Referendariat.

Ich entschied mich dafür, und gegen die Überarbeitung des Forschungsantrages für die DFG. Aber es tat weh. Und als das Referendariat überstanden war, das ich immerhin hatte verkürzen können (aber wiederum mit viel Kampf und Aufwand), da stand es schlecht mit der Erwachsenenbildung und schlecht überhaupt mit Stellen in meiner Heimatregion. So dass es mit den befristeten und karg entlohnten Verträgen an verschiedenen Schulen noch weiterging; bis ich eines Tages, im achtzehnten Berufsjahr meines Lebens (die Tätigkeit als studentische Hilfskraft nicht mitgezählt) tatsächlich eine Arbeit fand, die unbefristet war, und unkündbar. Als Lehrerin für Deutsch, Kunst und Darstellendes Spiel in meiner Elternstadt.

Nun hatte ich meinen Brotjob, der es mir finanzieren sollte, das eigentlich Wichtige nebenher zu tun – schreiben.

Gegenseitige Stützen

Es dauert eine ganze Weile, bis man wirklich begreift, aus der Existenznot heraus zu sein. Der Kopf mag längst über diese Information verfügen; das ganze Innere, die tiefen Emotionen, hängen nach. Eine Bekannte erzählte mir einmal etwas Ähnliches über sich. Auch sie hatte viele Jahre mit befristeten Verträgen gearbeitet, allerdings an einer Schule. Sie war alleinerziehende Mutter, so hingen zwei Menschen von den wackeligen Verträgen ab. Als sie dann endlich einen unbefristeten Vertrag unterzeichnen durfte, ging es ihr auch so: Der Kopf erfasste die Neuigkeit, fand sie, sozusagen, prinzipiell gut. Aber die wirkliche Erleichterung und Freude darüber empfand sie nicht; mehr eine Art Leere und das Wissen darum, dass das, was geschah, an sich etwas Erfreuliches war. Eines Abends, es war Monate später, in einer schulfreien Ferienzeit, setzte sie sich auf eine Stufe vor dem alten Haus, dessen Dachgeschoss sie mit ihrem Sohn bewohnte. Und da kam ganz plötzlich dieser Gedanke, mit einem Gefühl, als wäre eine tonnenschwere Last von ihr gehoben: Ich kann meine Arbeit nicht mehr verlieren – ich muss nicht länger Angst haben!

So ähnlich ging es mir auch. Nur dass ich mich nicht an einen speziellen Augenblick erinnere, an dem die tiefe Erkenntnis mich eingeholt hätte. Allmählich, sehr langsam, kristallisierte sie sich bei mir heraus. Als hätte der Schwimmer nach langer Seenot endlich seine Boje gefunden und würde sich erst behutsam trauen, die Strampelbewegungen, mit denen er sich über Wasser gehalten hatte, als nicht mehr nötige einzustellen. Nur, dennoch traurig: Diesen Moment der Beruhigung erlebten Mamie und Papy nicht mehr.

Dabei hatten sie Anteil an allen Sorgen davor genommen. Der ganze Forschungs-, dann Referendariats- und Schulbetrieb waren ihnen freilich fremd gewesen; nicht mit konkreten Ratschlägen konnten sie mich unterstützen. Dennoch gaben sie mir Halt – indem sie mir zuhörten, mit mir mitlitten, sich mit mir aufregten, mir das Gefühl gaben, nicht allein mit dem Schlamassel zu sein. Die Telefonate mit ihnen, und natürlich die Gespräche vor Ort, in ihrer Küche, erdeten mich. Sie ließen mich fühlen: Ich war nun mit ihnen in der anderen Welt, in der anderen Heimat. Auf meiner Insel des Rückzugs, ohne Alltagsprobleme. Ein kurzer Moment des Durchatmens, der mit den Jahren und der zunehmenden Ermüdung durch dieses nie enden wollende berufliche Schwimmen ohne Fuß immer wichtiger wurde.

Und während Mamie und Papy mir auf ihre Weise halfen, der Existenznot zu trotzen und mich aus der Gefahrenzone herauszuarbeiten, half auch ich umgekehrt ihnen – bei ihrem Widerstand gegen die Gebrechen des Alters. Sicher, ich war nicht oft körperlich mit ihnen in der Bretagne; aber wenn ich dort war, half ich ihnen, wo sie es brauchten. Mal beim Aufhängen von Wäsche oder dem Streichen von Fensterläden; besonders liebte Papy es, wenn ich ihm die Haare schnitt. Für ihn praktisch, hatte er auch im hohen Alter noch genug von seinen Locken, mit denen er nie gänzlich unfrisiert aussah, sie legten sich gleichsam von alleine in Form. Doch er hasste es, wenn seine Haarmatte über den Ohren zu dick wurde, und außer am Meer und vielleicht bei gemeinsamen Familienessen, habe ich ihn kaum gelöster gesehen, als mit kurzgeschnittenen Haaren. Frisch geschnitten von mir, weil er gewiss kein Geld für den Friseur ausgeben wollte. Mamie durfte allerdings; ihr gestand er Friseurbesuche zu.

Die beiden wurden älter, sie merkten es und es machte ihnen Sorgen. Ich sehe uns noch – es war ein letzter Tag meiner Herbstferien

–, wie wir zu dritt über den Jahrmarkt auf der Place du Champ de Bataille gehen. Sehr langsam, mit kleinen Schritten, wegen Mamie. Sie hatte sich bei mir eingehakt, um sich an mir zu stützen. Papy war nervös und aufgebracht, sie hatte vergessen, die Schuhe zu wechseln, und ging in Hausschlappen. Es regte ihn auf, weil es ihm Angst machte. Sie wurde vergesslich. Er auch. Für sich selbst hatte er ein System entwickelt, mit Merkzeichen und -zetteln, so dass man es ihm bis zuletzt so gut wie gar nicht anmerkte, dass er, wie er es selbst von sich sagte, vergesslich geworden wäre.

Der große Stratege und sein Scheitern am Tabak

Papy war ein großer Stratege. In eine andere Zeit und Lebenssituation hineingeboren, er hätte es mit Hannibal oder Caesar aufnehmen können. Aber auch die größten Feldherren kassieren zuweilen Niederlagen. Papys Strategien im Alter gingen nicht alle auf.

Seine erste, alle weiteren vorbereitende Niederlage war dem Tabak geschuldet. Nicht, dass er selbst geraucht hätte. Er hatte es eine Zeit seines Lebens getan und starke Gauloises geraucht; dann war er zu dem Schluss gekommen, dass das zu teuer und zu ungesund wäre. Folglich hatte er von einem Tag auf den anderen aufgehört. Anders Mamie. Waren Gauloises nie so ihr Ding gewesen, mochte sie mit Menthol aromatisierte Zigaretten, aber auch selbst gedrehte. Sie rauchte nicht viel, doch an dem Zigarettchen nach dem Essen oder zum Kaffee lag ihr etwas. Das war etwas, das sie mit ihrem Neffen Gérard (dem Sohn von Auguste und dessen Frau Marie) teilte: Gelegentlich kam Gérard bei ihr vorbei, vorzugsweise, wenn er annahm, dass Papy nicht zuhause sein würde; dann setzten sich die beiden, Mamie und er, an den Küchentisch und plauderten, über einem Kaffee und einer Zigarette.

Da Gérard nicht immer da war, rauchte Mamie auch alleine. Dazu blieb sie nicht in der Küche, sondern ging hoch in eines der alten Kinderzimmer. Hier versteckte sie auch ihren Tabak. Und natürlich war das Papy klar. Er wusste, dass sie heimlich rauchte, und er wusste, wo der „Stoff" versteckt war. Als der Arzt Mamie darüber informierte, dass sie starke Osteoporose habe und daher aufpassen müsse, nicht zu fallen, wurde Papy von panischer Sorge um sie ergriffen. Er passte auf sie auf wie ein Schießhund und hätte ihr am liebsten verboten, sich überhaupt zu bewegen, auf dass sie sich nicht in Sturzgefahr bringe. Sie war entnervt davon, wollte nicht kontrolliert werden, hatte allerdings selbst Angst vor dem Fallen. Sie ging nur noch wenig außer Haus; aber vielleicht wurde es in dieser Situation für sie besonders wichtig, heimlich „ihr Ding zu drehen", oder genauer, ihre Zigarette, dafür also die Treppe in den ersten Stock hochzusteigen, wo der Tabak versteckt war.

Wie gesagt, Papy wusste das alles; und er wusste auch darum, dass Mamie zwar in den großen und vernünftigen Dingen wie dem Sparen an Heizöl nachgab; in den kleinen, vielleicht unvernünftigen, aber ihr wichtigen Dingen jedoch nicht. Und der heimliche Tabakgenuss war ihr wichtig. Da Papy ihn nicht offiziell gutheißen wollte, andererseits aber auch nicht wollte, dass Mamie aus dem Haus ging, um sich heimlich ihren Tabak zu kaufen, sah er selbst heimlich nach, ob ihre Vorräte reichten. War es nicht der Fall, füllte er sie unauffällig nach.

Eines Tages jedoch war er zu spät damit – oder Mamie hatte noch nicht gesehen, dass es wieder Tabak gab in ihrem Geheimfach. Also ging sie los, um welchen zu kaufen. Sie ging an den üblichen Ort, durch ihre Wohnstraße, dann an der Place du Champ de Bataille vorbei bis zur Hauptstraße und hier rechts um die Ecke. Dort befand sich, neben der Maison de la Presse, die Bar, in der sie sich versorgte. Doch an diesem Tag war die Bar geschlossen. Es gab jedoch noch eine andere Bar, allerdings in einiger Entfernung von dieser gelegen, in der Nähe der einstigen Boucherie. Hierhin ging Mamie, weil sie ihren Tabak wollte. Der Rückweg war weit, und als sie fast wieder zuhause war, schon am Abzweig zur Place du Champ de Bataille angelangt, da ergriff sie der Schwindel. Sie stürzte.

Mit einem Oberschenkelhalsbruch kam sie ins Krankenhaus, von da in die Reha; und da sie nicht wieder gehen lernte, von da in ein Heim. Ein Heim, das den Ruf hat, ein mouroir zu sein, ein Sterbehaus. Tatsächlich kann man sich in Deutschland die Mittellosigkeit solcher Altenheime in ruralen französischen Kleinstädten nicht vorstellen, und auch nicht die daraus resultierenden Umstände. Die durchschnittliche Lebenserwartung derer, die in diese unerträglich bedrückenden letzten Wohnstätten einziehen, beträgt etwa ein Jahr. Mamie sollte fast drei Jahre darin überleben. Fast zwei davon als Witwe.

Ein langer Abschied

Denn Papy rieb sich für sie auf. Er rieb sich darüber auf, auf sie aufzupassen. Er fuhr jeden Tag zweimal in das Heim; zur Zeit des Mittag- und des Abendessens. Um dafür zu sorgen, dass Mamie nicht, wie er es nannte, nur mit dem Essen herumspielte, sondern es auch aß, bevor das volle Tablett wieder weggeräumt würde. Darüber kam er selbst nicht regelmäßig zum Essen, und obwohl das an das Krankenhaus angegliederte Heim an sich nicht so weit entfernt von seinem nun einsam bewohnten Haus lag, war es für den alten Mann mit den eigenen gesundheitlichen Problemen eine Last, die Wege im Auto, dann zu Fuß zweimal pro Tag zurückzulegen. Als ich im Herbst in die Bretagne kam, aßen wir jeden Abend gemeinsam, was ich für uns gekocht hatte. Er hatte allerdings, hoch in den Achtzigern, seit Mamies Abwesenheit selbst ein wenig kochen gelernt, und auch wenn er keinen Appetit hatte, zwang er sich zu etwas Nahrung; er wollte, er musste bei Kräften bleiben. Für Mamie.

Als der Winter kam, heizte er nicht. Für wen auch? Mamie war ja nicht mehr da, für die er es getan hätte. Im Frühjahr kam er selbst in das Krankenhaus, wo ich ihn besuchte und ihm zum letzten Mal die Haare schnitt. Ein Cousin meiner Mutter kam zufällig zur selben Zeit vorbei, er machte ein Foto des gelöst lachenden Papy mit den frisch gekürzten Haaren. Denn für den Moment war Papy gelöst; und er hatte nicht vor, aufzugeben.

Doch auch das hat der größte Stratege nicht in der Hand: gegen den körperlichen Verfall und den Tod zu gewinnen. Papy machte denselben Weg wie Mamie; auch er sollte nicht mehr in die eigenen vier Wände zurückkehren, sondern in das Heim kommen, das er so sehr verabscheute. Und ich wusste, wir wussten es alle: Dort würde er es nicht lange aushalten.

Es war im Sommer, eine Woche vor meinen Ferien, dass ich eines Abends bei Papy und Mamie anrief – auf ihrem Zimmer im Altenheim. Man hatte sie immerhin zusammengelegt; sollte sich das anheimelnd anhören, war es das nicht. Die Heimzimmer glichen Krankenhauszimmern: zwei Krankenbetten, zwei rollenden Nachttische, zwei Stühle für die eigentlich gar nicht von der Heimleitung erwünschten Besucher, ein Plastikschrank für die wenige Kleidung, sonst war da nichts. Hier also hatte ich in den letzten vier Wochen ab und an angerufen, denn so lange war Papy schon an diesem Ort, und neben seinem Bett stand das Telefon. An diesem Abend aber war niemand zu erreichen; und ich weiß gar nicht mehr, wer von der Familie es mir beim Herumtelefonieren sagte, aber Papy hatte einen Zusammenbruch gehabt. Ich rief im Krankenhaus an und fragte nach seinem Zustand; man deutete an, man wisse noch nicht, ob er überhaupt in das Heim zurückkehren werde.

Es war, wie gesagt, eine Woche vor meinen Ferien. Eine Woche vor meiner geplanten Abreise in die Bretagne. Aber eine Woche, das war zu lang. Papy mochte etwas vergesslich geworden sein; er war geistig jedoch voll da. Kein bewusstloses Dahinsiechen, bei dem vielleicht ganz allmählich und fast nicht bemerkbar irgendwann auch das letzte Licht ausgeht. Und er war damit, sein Sterben bewusst wahrzunehmen – er, der nichts loslassen konnte und am allerwenigsten sein Leben – allein. Falls es das Sterben war; noch schien es nicht sicher. Aber auch beim Widerstand gegen den Tod brauchte er doch Verstärkung?

Ich wusste, ich musste hinfahren. Gleich, nicht erst in einer Woche. Nur, eine dienstliche Freistellung für solche Fälle war schlichtweg nicht vorgesehen. Daher musste ich etwas tun, das ich hasse und worin ich sehr schlecht bin: lügen. Aber nur diese Notlüge vor dem befristeten Arbeitgeber erlaubte es mir, nach Regelung dieser Angelegenheit wirklich sofort loszufahren.

Papy war dermaßen überrascht und überwältigt davon, mich an seinem Krankenbett zu sehen, dass er auf mich fast normal wirkte und ich mich, erschöpft von der langen Reise, ein wenig aufatmend auf einen Stuhl an sein Bett niederließ. Ich sagte nichts von meiner Notlüge, aber er begriff sofort alles. Wir redeten lange, meine Hand hatte ich wie zufällig auf seinen Arm gelegt. Er gestand mir, sehr, sehr müde zu sein. Ich begriff, was er damit sagen wollte. Er wusste nicht, ob die Kraft reichen würde, länger Widerstand zu leisten. Ich wachte in der Nacht bei ihm, auf seinem Zimmer. Es war eine schlimme Nacht, für ihn und für mich. Die Dunkelheit fürchtete er wie den Tod. Er wollte sich an etwas festhalten, fürchtete den letzten Absturz; seine Hände fanden nur den dreieckigen Haltegriff über seinem Bett, bis sie davon abrutschten und ich sie in meine nahm.

Die Nacht erschöpfte ihn, statt ihm wohlzutun, und am nächsten Morgen begriff ich, dass seine Energie des Vortages nur eine Folge meines Auftauchens gewesen war, aber nicht von Dauer. An diesem Tag kamen meine Eltern und meine Schwester mit ihrem Kind; diesem halbjährigen Nachkommen zu begegnen, den er noch nicht gesehen hatte, berührte Papy zutiefst. Aber er kam am Tag darauf in die Palliativstation.

Wir holten Mamie aus dem Heim herüber; einige Stunden saß sie an seinem Bett, ihre Hand in der seinen; er regte sich nicht mehr, aber man hatte den Eindruck, dass er noch etwas mitbekam von dem, was um ihn herum und mit ihm passierte.

Papy war ein Kämpfer, er wollte nicht gehen. Eine Woche lang kämpfte er weiter; wir, die Familie, besuchte ihn reihum, hatten uns angewöhnt, mit ihm zu reden, als wären wir sicher, dass er uns noch hören könne; ich meine immer noch, es war so. Eines Morgens, es war an einem Samstag, stieg ich auf dem Krankenhausparkplatz aus dem Auto und wunderte mich, ehe ich es verstand: Es war Dudelsackmusik zu vernehmen, in der Nähe spielten sich die Folkloregruppen ein, die an diesem Tag, wie jeden Sommer, musizierend und tanzend durch die Straßen der Stadt ziehen würden. Die bretonische Musik hat mich immer besonders berührt, mit ihrem Rhythmus, ihrer Urtümlichkeit und Beschwingtheit. Ich fand es schön, die herübergewehten Klänge zu hören, und dachte mir: Das werde ich gleich Papy erzählen. Doch als ich in sein Zimmer kam, war sein Bett leer. Zuletzt hatte er loslassen müssen.

Nous, les gens d'esprit

Nous, les gens d'esprit, nous trouvons toujours une astuce. Wir, wir Leute mit Geist, wir finden immer einen Kniff, eine unerwartete und erfinderische Problemlösung. So hatte Papy einmal am Telefon gesagt, mit einem gewissen Etwas in seiner Stimme. Wenn es eine Erklärung in Worten für seinen Orakelsatz gab, hat er sie mit ins Grab genommen; doch die Dinge sprachen postum für sich.

Er hatte an alles gedacht. In seinem Koffer im Altenheimzimmer fand sich eine Liste mit allen nach seinem Tod wichtigen Kontaktdaten. Sämtliche Schlüssel, auch die seines Autos, lagen dabei. Außerdem eine Schatzkarte. Ich wusste, dass Papy sich vom Krankenhaus aus, als er noch beweglich genug gewesen war, zweimal

Urlaubsnachmittage zuhause erbeten hatte, um dort „Dinge zu regeln". Unter anderem hatte er also die Schatzkarte gezeichnet, mit den Orten im Haus, an denen er Geld versteckt hatte. Mit dem Geld, das sich auf seinem Bankkonto fand, ergab sich eine Summe, die es ihm und Mamie erlaubt hätte, vier Jahre lang in dem Heim zu leben, selbstversorgt und ohne Zuschüsse von Seiten der Kinder. Vier Jahre; vermutlich hat Papy nicht ernsthaft geglaubt, sie würden es so lange im Heim aushalten; aber das war es eben. Zeitlebens hatte er sich schuldig an seinen Kindern gefühlt dafür, den Bankrott nicht verhindert zu haben. Er hatte gearbeitet, für seine Familie, versucht, sein Bestes zu geben; aber ihm selbst hatte das nicht genügt. Und er, der alles verloren hatte, wollte trotz allem seinen Nachkommen etwas hinterlassen.

Wie er es genau gemacht hat, ist bis heute nicht ganz nachvollziehbar. Er muss den kleinen Erlös vom Verkauf der Boucherie so klug angelegt haben, dass er sich vermehrt hat. Und: Noch von der winzigen Rente muss er sich und Mamie, und das nehmen wir ihm übel, jeden Cent abgespart haben, der ihnen das Leben vielleicht ein bisschen schöner oder einfacher gemacht hätte. Irgendwie kratzte er aus quasi nichts eine Hinterlassenschaft zusammen, die den Erben das Herz bluten ließ. Man wusste nicht, ob man lachen oder weinen, ihn bewundern oder schütteln wollte, was ja nun alles nicht mehr ging, wo er in der auf ewig seiner Familie gehörenden Gruft lag; ein letzter Einzug, den übrigens gleichfalls er selbst noch vorbereitet hatte, durch irgendwelche Transaktionen mit der Friedhofsverwaltung.

So war er, Papy.

Der zweite lange Abschied

Und Mamie überlebte, alleine im Heim. Freilich half es ihr, sich zusehends mehr in ihre ganz eigene, innere Welt zurückzuziehen. Sie wurde dement, hatte aber noch immer ihre sehr wachen Momente, beobachtete dann scharfen Auges ihr Umfeld und konnte die witzigsten und bissigsten Kommentare über Leute machen, die ihr ein wenig lächerlich erschienen.

Natürlich schmerzte sie der Verlust des Mannes, mit dem sie achtundsechzig Jahre lang verheiratet gewesen war. Nicht durchweg glücklich, und doch im Alter symbiotisch, nach allem, was sie gemeinsam erlebt und durchgemacht hatten. Nun war er fort; und eine Weile wollte sie seine zu große Armbanduhr tragen; wobei sie auf der anderen Seite auch wie befreit wirkte. Das zweite Mal in ihrem Leben, nach ihrer Schulzeit im Huelgoat, gab es kein männliches Wesen um sie, das auf sie aufgepasst und sie kontrolliert hätte.

Auch etwas anderes schien sie zu befreien: Zeitlebens war sie stolz auf ihr gutes Aussehen gewesen und hatte daher auf ihre Linie geachtet. Nun war ihr ihre Linie egal und – was Papy erstaunt und erfreut hätte – sie fing an, besser zu essen. Vor allem den goûter, den Nachmittagskaffee, mochte sie. Dann gab es bretonische Kekse oder Madeleines, und dazu den Kaffee, den sie so sehr liebte. Allerdings nicht unbedingt diesen. Wenn ich sie zum goûter besuchte und sie sich besonders freute, mit mir Kaffee zu trinken, dann seufzte sie nach dem ersten Schluck zufrieden auf: „Hm, il est bon, le café." Aber der Kaffee war nicht gut, ich trank ja auch gerade einen und musste es wissen, die Plörre war mehr Wasser mir schwarzem Farbstoff darin. Aber für Mamie war er gut – sie schmeckte den Kaffee ihrer Erinnerung.

Sie vermisste ihr Haus, ihr Schlafzimmer. Aber mit der Zeit muss sie die Hoffnung, es wiederzusehen, aufgegeben haben, sie sprach nicht mehr davon. Einmal, im letzten Jahr ihres Lebens, organisierten wir aber, meine Eltern, meine Schwester und ich, einen letzten Ausflug mit Mamie. Das war nicht so einfach, wegen des Rollstuhls, den sie benötigte. Doch mit vereinten Kräften bekamen wir es hin, und so fuhren wir mit ihr zur einstigen Boucherie und zu ihrem Wohnhaus, dann in Mémés Dorf und zu der Kirche, in der sie und Papy geheiratet hatten; dann zu den Ruinen des Bauernhofs, auf dem sie geboren war und bis zur Heirat mit ihrer Familie gelebt hatte; und zuletzt fuhren wir nach Huelgoat, den Ort ihrer Schulzeit und größten Freiheit, und aßen dort frische Crêpes in einer Crêperie. Sie sagte nichts zu ihren Eindrücken, aber ich denke, sie war froh, das alles noch einmal zu sehen. Im Übrigen hatte sie in der Crêperie nur Augen für ihren kleinen Urenkel, den Sohn meiner Schwester, der neben ihr auf seinem Hochstuhl saß. Es war eine solche Sehnsucht und Trauer in ihrem Blick; immer hatte sie Babys geliebt, sie selbst würde nie mehr eines haben, so lange war das alles vorbei.

Als ich sie im folgenden Jahr zu Ostern sah, begrüßte sie mich mit einem anderen Blick – voller Liebe, und voller Verzweiflung. Sie sprach kaum, konnte nicht sagen, was ihr fehlte; als ich versuchte, ihr etwas zu trinken zu geben, rann es ihr wieder aus dem Mund. Ich glaube, dass es an meinem zweiten Tag in der Bretagne war, dass eine Vorstufe der Agonie einsetzte. Sie muss einen kleinen Schlaganfall gehabt haben und konnte nicht mehr schlucken; niemand im Heim hatte es bemerkt. Ich wachte die Nacht über bei ihr, auf ihrem Zimmer; dann versammelte die Familie sich um ihr Bett auf der Palliativstation. Auch sie lag, wie Papy, noch eine Woche lang da, aber anders als er, wirkte sie schon weit weg. Dann hatte auch sie es endlich geschafft und losgelassen.

Eine Pflegerin im Heim sagte mir, Mamie habe mit dem Sterben wohl auf mich gewartet. Das komme oft vor, bei den alten Leuten, dass sie auf das letzte Wiedersehen mit einem geliebten Menschen warten würden. Wenn es so war, bin ich froh darüber, dass sie es getan hat. So konnte ich, anders als es bei Mémé der Fall gewesen war und trotz der räumlichen Distanz, die uns den Großteil des Jahres voneinander getrennt hatte, Mamie wie Papy in ihren letzten Momenten nah sein.

Die Dinge aus Ali Babas bretonischer Wunderhöhle

Und nun ging es an die Entleerung des Hauses. Jenes Wohnhauses, das seit zwei Jahren unbewohnt war. Es war unheimlich. Wie zu Lebzeiten meiner Großeltern üblich, betraten wir das Haus nicht durch die Haustür, sondern durch die Garage im Keller. Wir gingen nicht tiefer in Ali Babas bretonische Wunderhöhle hinein, sondern gleich links die Treppe hinauf; oben angekommen, hatten wir das Bedürfnis, an die Tür, die uns vom Flur des Wohnbereichs trennte, anzuklopfen und Mamie und Papy, die wie immer in der Küche sitzen würden, zuzurufen: „Coucou, on est là!" Aber was scherte es die leere Küche, dass wir da waren?

Und doch, es hing noch etwas von ihnen in dem Haus; solange, wie ihre Dinge noch da waren, ihre Möbel, ihre Fotos. Ihre Kleidung. Aber das alles musste nun raus, musste entweder übernommen oder entsorgt werden. Dabei war das Haus voll – vor allem der

Keller; nichts hatten sie wegwerfen können, natürlich nicht, gerade sie nicht, die einst alles verloren hatten.

Und das Leben, das sie verloren hatten, fand sich mit dem Ausleeren und Sichten aller Räume und Möbel allmählich wieder. Es wachte wieder auf, aus Schubladen und Schränken, aus allen Behältnissen, in denen sich Dinge fanden, die persönlich waren und Zeugnis über sie und ihr Leben abgaben. Das war hart für die, die sich damit befassten – hart für meine Mutter, meine Eltern, denn sie waren die, die sich um alles kümmerten. (Es gibt immer jemanden von den Nachkommen, der halb freiwillig, halb gezwungenermaßen die Hauptlast auf sich nimmt.)

Aber auch ich wanderte durch das Haus und sichtete. Und eigentlich erst, als die Schichten von Möbeln und Dingen im Keller abgetragen wurden, wurde es mir nach und nach bewusst, dass alle Sachen, die ich als Kind aus der Boucherie gekannt hatte, hierher gewandert waren – wirklich alles war da! Die mächtige Arbeitstheke aus Eichenholz, in ihren Schubladen noch Papys gefährliche Messer; die alte Waage, mit ihren zwei Armen; der Hocker mit dem roten Ledersitz, um den mein Bruder und ich uns gestritten hatten; die Küche der Boucherie, komplett. Und dann, die Möbel und Dinge von oben. Die von Papys Eltern übernommenen Sachen. Die Büffets mit den Marmorplatten darauf, die Figur Jeanne d'Arcs auf ihrem wilden Pferd. Erst jetzt begriff ich, aus was für einer anderen Welt sie gekommen waren, der Welt vor dem Schiffbruch. Einst mussten sie der letzte modische Schrei gewesen sein, waren kostbar, massiv, zur Repräsentation und zum Überdauern gemacht. Und erst jetzt ging mir auf, dass diese Möbel, die einst in der Boucherie gewesen waren – nicht, um benutzt, allein, um aufgehoben zu werden – zu dem Raum im Haus meiner Großeltern passten, der mich immer befremdet und eingeschüchtert hatte: das einstige Schlafzimmer meiner Urgroßmutter. Viel zu große Möbel standen in diesem kleinen Raum; das breite Bett, der hohe Schrank und auch der dazu passende Nachttisch, alles übersäht mit Schnitzereien, mit Engelsköpfen, ineinander verschlungenen Pflanzen und grotesken Drachen, herausgearbeitet im Halbrelief, in einem Stil, der an die Renaissance erinnerte. Auch noch in dieses Zimmer gequetscht, der uralte, große Tresor. Darin, nebst diversen Papieren,

Der Nantes-Brest-Kanal um 1950

zwei Waffen: eine wie ein Spielzeug anmutende winzige Damenpistole und ein Revolver aus dem Ersten Weltkrieg.

Zu diesem Revolver sollte Gérard, der Cousin meiner Mutter, erzählen, dass er selbst als Kind ihn einmal in die Hand genommen hatte; jemand hatte unvorsichtig den Tresor offengelassen. Marie, Gérards Mutter, stürzte herein und entriss ihrem Sohn das gefährliche Objekt. Sie verbot ihm, noch einmal daran zu gehen, wusste aber zu gut: Gérard würde auf seine Chance lauern. Also erklärte sie ihm eines Tages triumphierend, sie habe die Waffe im Nantes-Brest-Kanal versenkt. Gérard war enttäuscht, weil er seiner Mutter glaubte. Nun stellte sich ihre Behauptung fünfzig Jahre später als Lüge heraus. Der Revolver liegt heute, von fachkundiger Hand unschädlich gemacht, in seinem alten Safe – bei Gérard zuhause.

Auch viele der anderen Möbel wurden gerettet. So schlafe ich in der Bretagne im Bett von Mémé und Pépé, Mamies Eltern. Dieses Bett mit Nachttisch hatten Mamie und Papy nach Mémés Tod von ihr übernommen. Weil der dazu gehörende Schrank nicht in mein Schlafzimmerchen hineinpasste, steht er im Haus meiner Eltern. Diese ersetzten eigene Möbel durch Hinterlassenschaften aus

Mamies und Papys Haus, die ursprünglich auf Mémés und Pépés Bauernhof ihre Heimat hatten oder im dreistöckigen Bürgerhaus von Papys Familie.

Was wird mit diesen Dingen einmal passieren, wenn wir nicht mehr sind? Ich kann mir kaum vorstellen, dass sie eines Tages meine Neffen und Nichten interessieren könnten. Schließlich haben diese kleinen Viertel-Bretonen nicht mehr so viel mit der Bretagne zu tun, und der Zeitgeist schreit nicht nach alten Möbeln. Irgendwelche Liebhaber mag es trotzdem dafür geben, allein schon aufgrund des Nachhaltigkeitsgedankens – nachhaltigere als diese Massivholzmöbel, für die sehr lange schon kein Baum mehr gefällt werden musste, kann es nicht geben. Die Möbel sind für die Menschen gemacht – nicht umgekehrt. Es wäre schön, eines Tages würde sich jemand für unsere Familienmöbel finden. Jemand, der Freude daran haben und sie weiterbenutzen würde – auch ohne um ihre Geschichten zu wissen.

Und mit den Häusern ist es genauso. Egal, wie wichtig gerade sie einem sind – als Zugänge und Stücke greifbarer Heimat.

V.

Häuser und Orte

Mein Krümel Welt

Ich denke, Menschen sind mitunter die festesten Wurzeln, die einem ein Heimatgefühl geben können. Nicht irgendwelche – es müssen geliebte Menschen sein. Denen man sich nah, zu denen man sich hingezogen fühlt. Wenn man „zu jemandem“ gehört, gehört man auch „dahin“ – dorthin, wo der geliebte Jemand ist – oder wo sie sind, die geliebten Personen. Nahe Familienangehörige sind par excellence solche Wurzeln, und was meine Großeltern betrifft, zeigten sie mir gleichsam an, wo ich herkam und wo ich hingehörte.

Man kann aber irgendwo hingehören und doch nicht hin – wenn man nämlich kein Quartier hat, keinen Platz zum Wohnen. Dieses Problem zeichnete sich für mich zusehends im Erwachsenenalter ab. Während ich auf der deutschen Seite irgendwann doch das Elternhaus verließ, um nach und nach unfreiwillig, aufgrund misslicher äußerer Umstände, durch vier Wohnungen hindurchzuziehen, an die ich mich nie anbinden konnte, in denen ich keine echte Wohnheimat fand, stellte sich bezüglich der bretonischen Seite ein noch bedrohlicheres Problem: Das dortige Elternhaus war zu klein, um meine Eltern und gleichzeitig jemanden von uns Kindern mit „Anhang“ zu beherbergen. Es geschah, dass die Ferienzeit kam und ich nicht Richtung Westen reisen konnte. Wenn es sich um einen simplen Urlaub gehandelt hätte, den ich nicht hätte wahrnehmen können, wäre die Sache ärgerlich gewesen. Aber um Urlaubsreisen ging es nicht. Es ging um das verhinderte Heimkehren in die zweite Heimat. Es war, als hätte man mir unter einem Fuß den Boden ruckartig weggezogen. Und auch, wer nur mit einem Bein Halt verliert, fällt oder droht zu fallen.

Ich träumte davon, einen eigenen Ort zu haben, den ich jederzeit ansteuern könnte. Aber ein eigenes Haus, auch nur eine kleine Wohnung, in meiner prekären beruflichen Situation – das war nichts als Illusion. Trotzdem fing ich an, im Internet zu recherchieren. Ich verbrachte mehr Zeit, als vernünftig gewesen wäre, auf der Seite Le bon coin, den französischen Kleinanzeigen. Es war an sich vollkommen absurd, dieses mittellose Herumstöbern, einfach nur, um dem inneren Traum nachzuhängen. Immerhin fand ich heraus, dass die Häuser im Argoat, entfernt von der Küste, damals verblüffend, ja für deutsche Verhältnisse unvorstellbar günstig waren. Und es gab sehr kleine Häuser, gleichfalls viel kleinere, als es für Deutsche vorstellbar war; und in ein solches, sehr, sehr kleines Haus verliebte ich mich eines Tages, nicht über Le bon coin, sondern während eines Aufenthalts in der Bretagne.

Es lag im Nachbardorf meines Elternhauses und auch von der Großelternstadt, in der Mamie im Heim lebte, war es nicht weit entfernt. Wie oft war ich im Leben schon daran vorbeigekommen, an dieser Reihe der drei alten, etwas unüblichen Bruchsteinhäuser! Unüblich waren sie, weil sie zwei Stockwerke hatten, und das traditionelle bretonische Haus in der Regel nur sein Erdgeschoss hat und den Dachboden darauf. Ich kannte die drei kleinen Häuser also gut; ich erinnerte mich daran, dass sie mir eines Tages, ähnlich wie die belgischen Blitze, als schön oder eher pittoresk aufgefallen waren; und seit dieser Zeit des Verlassens der inneren Kindheit hatte ich es hin und wieder beim Vorbeifahren bedauert, dass sie so unbewohnt und verwahrlost aussahen.

Eines Abends war ich auf dem Weg zu meiner Freundin Sylvie. Als ich auf die Reihe der drei kleinen Häuser zufuhr, fiel die tief stehende Sonne so auf das alte Bruchsteingemäuer, dass es golden zu glühen schien. Und in diesem besonderen Licht fiel mir mit einem Mal auf, dass sich etwas verändert hatte: Vor zwei der drei Hausteile standen neue Zäune.

Ich hielt an und stieg aus. Die Schwalben sirrten am Himmel über mir, sonst war es ganz still. Die Dorfstraße und die Gehwege an dieser wenig dicht besiedelten Stelle waren menschenleer; unbeobachtet und ungestört strich ich an den neuen Zäunen entlang. Es waren zwei unterschiedliche, vor dem einen Haus weiß, vor dem anderen braun; offenbar gehörten die Häuschen mit ihren getrennten Gartenstücken unterschiedlichen Eigentümern.

Die Verlockung war zu groß. Kein Auto parkte vor diesen Gärten; es schien niemand zuhause zu sein. Das verborgenste Haus, aufgrund des Winkels der Hausreihe zur Straße hin und auch wegen der Gartenvegetation davor, war das rechte; ich öffnete das Törchen seines Gartens und trat behutsam hinein. Da war ein Kiesweg, zwischen blühenden Rosen und dichtem Lavendel; auch die Büsche und Bäume verströmten nach dem heißen Tag ihren Duft. Der Kies knirschte leise unter meinen Füßen, als ich, der heimliche Eindringling, das bretonische Paradiesgärtlein verstohlen betrat. Am Ende des Weges wartete eine kleine Holzterrasse auf mich, dahinter das zugleich putzige und trutzige, fast ritterburgartige Bruchsteinhaus mit seinem rechtwinklig darangesetzten Anbau. Darauf befand sich eine kleine Dachterrasse, um deren Geländer sich die Arme einer Glyzinie rankten. Die Läden des Hauses waren geschlossen, es war, als schliefe es unbewohnt. Und doch war hier alles gepflegt, ja gehätschelt, der Garten blühend lebendig. Wem mochte das Häuschen gehören, wer hatte sich seiner angenommen? Ja, so ein Haus, das wär's, was für ein Traum, dachte ich voller Wehmut und zog mich zurück von meiner heimlichen Stippvisite.

Im Jahr darauf ging ich in dem Dorf der drei Häuser spazieren; ein Mann, der auf der anderen Straßenseite den Rasen gemäht hatte, grüßte und sprach mich an, wie das Bretonen gern tun. Wir kamen, ich weiß nicht mehr worüber, ins Plaudern; und wie zufällig kam er auf das Thema und enthüllte, dass ausgerechnet jenes mir so liebreizende Häuschen tatsächlich zum Verkauf stand! Allerdings erzählte der Mann das, um mich mit einem Beispiel für „dummes" englisches Verhalten zu schockieren: Die britischen Verkäufer wollten eine Summe, wie sie sie vielleicht für ein London nahes Cottage, nicht aber für ein Miniaturhaus im bretonischen Argoat hätten verlangen können.

Dennoch lag es an diesem Haus, dass ich mich noch hartnäckiger auf den Seiten von Le bon coin herumtrieb. Wenn es irgendwo ein so kleines, so niedliches Haus zu bretonischen Preisen gäbe – ja, was dann? Eigentlich gar nichts, ohne Geld; trotzdem flüchtete ich mich über diese aussichtlose Haussuche in meine Sehnsucht nach einem Stück greifbarer Heimat.

Und eines Tages fanden sich wirklich unweit der Großelternstadt zwei derart kleine und günstige Häuser, dass ich mir perplex sagte: Dafür bekommst du in Deutschland gerade einmal ein Auto – und wir reden von keinem großen. In Deutschland wirst du nie über das Wohnen in Mietverhältnissen hinauskommen, die dich nicht glücklich machen; und könntest du irgendwie, irgendwoher Geld auftreiben, du hättest zumindest ein Stückchen Welt, das ganz allein dir gehören würde. Wo niemand dich vor die Tür setzen könnte, wo du hingehören würdest. Wo du im Ruhestand ganz hinziehen könntest, anstatt in einer deutschen Sozialwohnung zu leben.

Dieser Wunsch wurde derart eindringlich, dass ich, wo ich ohnehin nichts zu verlieren hatte, trotz allem einen Termin mit der Bank ausmachte, um mich über Finanzierungen zu informieren. Trotz allem, weil ich nach den Jahren des wissenschaftlichen Prekariats und der anschließenden befristeten Schulverträge noch immer mit leeren Händen dastand, beziehungsweise von der Hand in den Mund lebte. Zwei Dinge sprachen wohl doch für mich: Niemals hatte ich Schulden gemacht; und dann war da noch das schier magisch wirkende Stichwort: „Schule“. Ich weiß bis heute nicht, ob es den Bankleuten klar war, wie unsicher meine unbefristete Stelle war. So oder so; plötzlich schien es, als könnte der Traum vom bretonischen Miniaturhaus in fast greifbare Nähe rücken – und er wurde greifbar!

Ich verfügte also über eine – für deutsche Verhältnisse – ebenso kleine Hauskaufsumme, wie die Immobilien waren, die ich, kaum in der Bretagne angekommen, sofort besichtigte. Aber das eine Häuschen, das mir besser gefallen hätte, war bereits so gut wie verkauft. Ich besichtigte das andere. Es war hübsch, doch mit der Rückwand bis fast zum Dach in den dahinter liegenden Steilhang gebaut und roch, als ich es betrat, nach alter Nässe. Die Enttäuschung war groß.

Der Mann, der mir das feuchte Haus zeigte, war nicht der Eigentümer, sondern hatte sich als Bekannter der Verkäuferin vorgestellt, welche in Südfrankreich lebte. Es war ein alter, gewiefter Bauer; und ungefragt versicherte er mir, dass das Haus, in dem wir standen, gar nichts für mich wäre, aber das sei nicht schlimm: Er habe ein viel besseres anzubieten! Und er pries mir dieses Objekt an, das allerdings in einem ganz anderen, weiter entfernten Dorf war. Trotzdem willigte ich schließlich ein, allein schon aus Neugier und weil der Kerl und die ganze Situation so schräg komisch waren, ihm im Konvoi zu folgen und sein Haus sogleich anzusehen.

Es war das Elternhaus des alten Mannes, ein sehr großes altes Gehöft, ideal für eine vielköpfige Familie, wie ich sogleich anmerkte. Der alte Bauer wollte das aber nicht gelten lassen; stolz wies er mich auf seine „Verbesserungen" hin, vor allem auf den schönen neuen Betonboden. Ich blieb dabei, dass das Haus für mich viel zu groß sei, versuchte aber, ein höflich-distanziertes Interesse zu zeigen, auch dann, als wir in einem Nebenraum standen und auf eine Betonplatte schauten, mit einem eisernen Ring darin. Darunter sei die Sickergrube, erklärte der Bauer auf meine Nachfrage hin, ohne mir in die Augen zu sehen. Im Hausinneren, fragte ich erstaunt zurück? Leichthin stimmte er zu; aber das würde keine Probleme machen, wegen der Normen und so; das hätte er alles geklärt. – Nach der Hausbesichtigung lud er mich noch auf einen Kaffee ein, bei sich zuhause, nur einen Steinwurf entfernt. Aber es gibt Momente, da hat man genug gesehen.

Am Tag darauf fuhr ich noch einmal zu dem feuchten Häuschen. Wie schade, dachte ich; seine Umgebung war doch so schön. Und ich dachte an die Menschen, die einmal darin gewohnt, die es erbaut hatten. Hineingebaut in die gerade im Winter so nasse Erde; hatten sie keinen besseren, gesünderen Platz für sich gefunden? So war ich in Gedanken, als ich zurück zu meinem Auto kam, das ich oberhalb des starken Gefälles am Rande des Sträßchens geparkt hatte, gegenüber eines kleinen Hofes. Rechts und links davon standen auch alte Häuser; das rechte, ein kleines, war besonders hübsch und einer in Stein gemeißelten Inschrift über der Haustür nach erbaut anno siebzehnhundertachtundneunzig.

Worauf mich bald die rundliche Dame aufmerksam machte, die eben am Blumengießen war. Mit unverhohlener Neugier sah sie zu mir hinüber – zu meinem Auto, mit dem deutschen Nummernschild. Ich grüßte sie, sie grüßte zurück und fragte mich gleich, woher ich so komme, was ich hier so mache. Ich erklärte ihr knapp, dass eine Besichtigung des Hauses am Hang mich in die Gegend verschlagen habe, und wollte einsteigen. Aber die kleine, rundliche und sehr lebhafte Dame fing sofort an weiterzureden. Ja, das Haus kenne sie, betonte sie; und im Winter fließe das Wasser im Wohnzimmer an den Wänden herunter! Ich konnte nur nicken. Schon erzählte sie mehr von der Geschichte des immer wieder deshalb verlassenen Hauses und von der Bekannten, die es törichter Weise gekauft habe und nun unbedingt loswerden wolle. Da würde sich die Bekannte aber freuen, wüsste sie um diese Werbung für ihre Immobilie, dachte ich für mich, und dachte auch zurück an den gewieften Bauern vom Vortag, den anderen Bekannten und „Helfer" der abwesenden Dame.

Im Übrigen, fuhr die rundliche Dame nun fort, habe die Bekannte ihr – sie meinte sich selbst – beim Renovieren alles nachgemacht. Sie, sie selbst, habe nämlich aus ihrem Haus ein wahres Schmuckstück gemacht; ob ich es mal ansehen wolle? – Halb überrascht, halb amüsiert ließ ich mir eine spontane Hausführung gefallen. Und ja, das hier war, wie die rundliche Dame stolz verkündete, kein feuchtes Haus und von der Grundsubstanz her schön; nur fand ich insgeheim die Möblierung und Dekoration abscheulich. Doch als sie fragte, wie ich ihr Heim finde, lobte ich es, wie es mir höflich und angemessen schien. Sie freute sich sichtlich, legte die Stirn in Falten, wurde nachdenklich und meinte, auch sie stamme ja, wie ihre Bekannte, aus Südfrankreich und wolle eigentlich dorthin zurück, zu ihren Enkeln; ob ich nicht ihr Haus kaufen wolle, am besten gleich, inklusive der Möbel?

Ich war etwas überrumpelt davon, wie viele Leute sich ihrer Häuser entledigen wollten, und speziell diese drei, die sich, wie die Dame auch freimütig bekannte, alle gut kannten – denn auch ihr war der gewiefte Bauer nicht fremd und sie bezeichnete ihn als einen „Bekannten". Mit gebührender Zurückhaltung fragte ich sie, was sie denn für ihr Haus haben wolle? Und sie schoss mit einer Summe heraus, die freilich zu hoch war und wesentlich mehr, als mir zur Verfügung gestanden hätte. Das sagte ich denn auch deutlich, um die Sache abzuschließen. Da fing sie damit an, einen Bekannten zu haben, der in der Bank arbeite; ein sehr netter Mann, mit dem könne ich bestimmt über einen Kredit reden. Das lehnte ich tatsächlich ab, was sie enttäuschte. Ich wollte es nun dabei belassen, aber sie hielt mich noch eine Weile mit ihren Erzählungen fest, worüber herauskam, dass das Haus auf der anderen Hofseite demnächst von Leuten mit Pferden bezogen würde, sie aber möge deren Geruch (sie meinte die Pferde) nicht und wolle auch deshalb zurück in den Süden. Aber ich hätte doch nichts gegen Pferde? –

In diesem Sommer sah ich mir noch zwei weitere Häuser an. Der eine Besuch verlief überraschenderweise ganz unoriginell; der andere sollte das ausgleichen. Bei dieser zweiten Hausbesichtigung war ich allerdings froh, dass meine neugierigen Eltern hatten mitkommen wollen. Denn als wir an dem Fertighaus ankamen, das nicht schön, aber günstig war, öffnete eine sehr spezielle Erscheinung. Der Mann war recht jung, unrasiert und mit zerzausten Haaren. Er roch etwas seltsam und trug nichts weiter an sich als einen versifften Bademantel. Er war aber ganz ungeniert, als er uns sein Haus zeigte, das allerdings nicht das richtige für mich war.

Hatte ich schon gesagt, dass die Engländer mit dem verwunschenen Häuschen, in das ich mich verliebt hatte, mit dem Preis heruntergegangen waren? Ein wenig, ja; aber deutlich zu wenig für mich. Doch nach den erfrischend dreisten Hausangeboten, die ich in diesen Ferien erhalten hatte, dachte ich mir: Versuch's doch auch. Leider von Natur aus überhaupt nicht dreist, kontaktierte ich diesmal dennoch forsch die im Verkaufsinserat angegebene Adresse und machte ein mir mögliches Kaufangebot. Eine der größten und in der Folge beglückendsten Überraschungen meines Lebens war, dass diese Strategie, nach manchem Hin und Her, am Ende aufging: Und das Häuschen mit dem duftenden Garten wurde – was ich erst mit sehr viel Zeit fassen lernen musste, wie im Jahr darauf den Erhalt einer unkündbaren Arbeitsstelle –, dieses mein Miniatur-Traumhaus wurde mein erstes richtiges Zuhause. Mein eigener Krümel Welt.

Das bedrohte und das gefundene deutsche Zuhause

Es war schier unfassbar, ein eigenes Haus zu haben. Etwas, wonach ich immer eine unnennbare Sehnsucht gehabt hatte. Schließlich war ich aufgewachsen in zwei Elternhäusern, dem kleineren bretonischen und dem größeren deutschen. Wobei auch dieses deutsche Haus, neunzehnhundertsechsundfünfzig erbaut, nicht groß war, wie ein Freund meiner Eltern einmal bemängelte. Nicht zufällig; denn Reinhold war Architekt und „machte in Immobilien". Allerdings hatte er kein besonderes Händchen dafür. Seine Lebensgefährtin hatte er dazu überredet, ihr großes Elternhaus zu verkaufen und von einem Teil des Erlöses ein Fertighaus zu bauen. Den Rest verlor er mit seinen Geschäften. So sollten die beiden das Fertighaus wieder verkaufen und in eine einfache Wohnung umziehen. Was sie nicht zum Leben brauchten, sollte er erneut verspekulieren. Aber so weit war es noch nicht, als er meine Eltern zu verführen versuchte – zum Kauf eines anderen, größeren Hauses.

In einer Straße, die unweit der meines Elternhauses lag, befand sich eine einstige Schuhfabrik aus den neunzehnhundertzwanziger Jahren. Reinholds Projekt war es, das denkmalgeschützte Gebäude in ein Wohnhaus umzubauen. Die für ihn perfekten Käufer waren meine Eltern. Begeistert zeigte er ihnen seine Pläne, legte dar, wie viel Platz wir in dem Haus haben würden. Für mich hatte er ein „Atelierzimmer" vorgesehen – nun ja, jemand musste ja auf der Nordseite wohnen. Und nachdrücklich erklärte ich meinen Eltern, dass es keinen Sinn machen würde, ein Zimmer für mich einzuplanen, wo ich in dem Alter war, nicht mehr lange bei ihnen zu leben. (Dass das aufgrund meiner beruflichen Situation doch noch so kommen sollte, ahnte ich damals nicht.) Ich bekam mit, wie Reinhold mit meinen Eltern die Finanzierung durchrechnete – und mir brach der schiere Angstschweiß aus: Alles hätten sie in das große Haus stecken müssen, und alles, das war zu viel für jemanden, der noch ein anderes Haus zu unterhalten hatte und der Fahrzeuge brauchte, um von einer Heimat in die andere zu pendeln.

Am Ende waren meine Eltern ernstlich in Versuchung geraten, aber vernünftig genug, von dem Kauf der Schuhfabrik Abstand zu nehmen. Wir, meine Geschwister und ich, atmeten tief auf. Doch in dieser Zeit war mir etwas bewusst geworden: Gerade wer zwischen zwei Heimaten lebt, sucht nach festen Ankerpunkten. Punkte, bei denen er wieder ankommen kann, egal, aus welcher der beiden Richtungen. Das Haus, das Zuhause in der Heimat, ist es nicht die Kernzelle der Heimat selbst? Für mich war es so, und ist es noch. Und das Haus meiner Eltern – das sie einst von allen Kaufinteressenten bekommen hatten, weil meine Mutter mit mir schwanger gewesen war; dieses kleine Haus mit seinen vom Keller bis zum Dachboden vier Etagen für fünf Personen, die dazugehörigen Vierbeiner nicht zu vergessen; dieses Haus mit den wenig weitläufigen Räumen, die uns jedoch nie zu klein vorkamen, sondern warm und intim und gesellig; dieses Haus, durch das ich mich auch heute noch blind hindurchbewegen könnte, weil jede Treppenstufe und jedes Zimmer in seinen Dimensionen sich in mein Körpergedächtnis eingespeichert hat, so dass dieses Haus ein Teil von mir wurde: Dieses Haus wird immer mein erstes Zuhause sein.

Und niemals hätte ich geglaubt, dass es ein anderes deutsches Haus für mich geben könnte. Ich hatte meinen bretonischen Krümel Welt, und das war schon so unermesslich viel. Doch das zweite, fast noch größere Wunder verdankte sich tatsächlich noch mehr dem Schul-Brotjob. Als wirklich die unbefristete Stelle kam, und als mein findiger Vater unversehens ein erschwingliches Schmuckstück von Gebäude entdeckte, funktionierte auch das – und ehe ich mich's versah, wurde ich zur Großgrundbesitzerin! Noch immer kommt es mir irreal vor, dieses Abenteuer meines Lebens; diese Garantie, dass mir nie langweilig werden wird, stets wird es etwas zu basteln geben. Denn nun wohne ich in Deutschland in einem urdeutschen Haus, einem Haus, das lebt und atmet, und trotz einiger Holzwürmer sicher dasteht, in seinem mittelhessischen Dorf, seit über zweihundert Jahren. Das alte Fachwerkhaus nahe der Kirche ist vermutlich einmal das Pfarrhaus gewesen. Mein Urgroßvater, der mit dem „oe", würde sich gefreut haben über den Kreis, der sich auf diesem Weg schließt.

Jetzt, erst jetzt kann ich wirklich sagen: Ich habe zwei Heimaten. Zumindest äußerlich habe ich nicht meinen Platz, sondern gleich zwei Plätze auf der Welt gefunden. Die mir Halt und Ruhe geben, beim Schwimmen ohne Fuß und Pendeln zwischen zwei Kulturen.

Freilich, innerlich wird dieses Pendeln in mir niemals aufhören.

Vorhandene und nicht mehr vorhandene Häuser

Mémés Haus und Garten. Omas Wohnung mit dem Malzimmer. Die Boucherie meiner bretonischen Großeltern, und ihr Wohnhaus mit Ali Babas bretonischer Wunderhöhle. Meine Elternhäuser, das deutsche und das bretonische. Diese Häuser, diese alten, sind – auch wenn ich sie nicht mehr oder seltener betrete – dennoch für mich Wurzeln, die mich in meinen Heimaten verankern, weil sie zu den Menschen gehören (oder gehörten), zu denen ich gehöre (oder gehört habe). Zu diesen Häusern habe ich einen unmittelbaren Bezug; aber interessant für mich sind auch die anderen, die noch älteren Familienhäuser. Nur sind sie nicht mehr alle vorhanden. So war ich einmal in Gräfenhainichen und stand dort vor einem Haus an der richtigen Stelle: Hier hatte die Wohnstätte meines Urgroßvaters, des Pfarrers, und seiner wachsenden Familie gestanden; da war einmal das Geburtshaus Paul Gerhardts und später Opas gewesen, eine kleine Gedenktafel erinnert noch daran (das heißt, an Paul Gerhardt; Opa wird nicht eigens auf der Gedenktafel erwähnt). Nur war das alte Geburtshaus der beiden abgebrannt und danach ein neues errichtet worden.

Das alte, in den neunzehnhundertzwanziger Jahren erbaute Wohnhaus des anderen prägenden Urgroßvaters existiert jedoch noch. Es steht an der Hauptstraße der Großelternstadt und fällt auf durch seinen großzügigen, mit einem schmiedeeisernen Gitter umfassten Balkon in der Beletage, über dessen Fenstertüren sich ein breiter Rundbogen wölbt. Die ersten zwei Stockwerke sind aus roh behauenen Steinblöcken errichtet; darüber erheben sich zwei weitere Geschosse mit gelb verputzten Mauern; nur die großen Fenster sind auch hier eingefasst mit naturbelassenen Granitsteinen. Das Haus, das mein Urgroßvater erbauen ließ, als sich seine Familie und sein Unternehmen vergrößerten, überragt die Nebenhäuser um ein Stockwerk.

Vor Jahren stand es zum Verkauf, und obwohl meine Mutter keinerlei Interesse an einem Kauf hatte, rief sie bei der zuständigen Maklerin an und vereinbarte einen Termin zur Besichtigung. Ich war neugierig, daher begleitete ich sie und meinen Vater. Im Erdgeschoss – hier war ursprünglich die Metzgerei gewesen – hatte Jahrzehnte lang ein Friseur seinen Salon gehabt. Alles hier - die alten Frisierstühle mit ihren zerschlissenen orangefarbenen Kunstlederpolstern, welche farblich und stilistisch zum Rest der Einrichtung, den Spiegeln und Waschbecken und Haartrocknern passten – alles hier wirkte wie eine Filmkulisse aus den siebziger Jahren. Für meine Mutter, für die es das erste Mal war, dass sie dieses Haus betrat, das sie als Kind hatte verlassen müssen, war das befremdlich.

Aber während wir die Treppen hinauf erstiegen, Stockwerk für

Stockwerk, wurde sie immer bestürzter. Denn hier war noch vieles von früher zu sehen. Die schönen, steilen Holzgeländer unter unseren Händen waren noch eben die, über die sie als Kind heruntergerutscht war, wofür man sie mehr als einmal bestraft hatte. Auch passierten wir im Treppenhaus die Originaltüren zu den kleinen Toilettenräumen, die zwischen den Etagen installiert worden waren. Es waren Wasserklosetts gewesen, so meine Mutter, zur Bauzeit hochmodern. Ob die nun uralten WCs mit den Ketten an ihren Spülungen noch immer hinter den Türen waren? Die Maklerin zeigte sie uns nicht, und wir verzichteten darauf, nachzusehen. Über kunstvolle Mosaikböden und alte Dielen wandelten wir dafür in den hohen Wohnräumen umher, bewunderten die Stuck-

ornamente an den Decken und die prächtigen, elegant geformten Eckkamine aus weißem Marmor.

So also hatten sie buchstäblich „gehaust“, die Mitglieder dieser Familie; und das heißt, nach dem Tod meines Urgroßvaters und als seine Kinder erwachsen waren, bewohnte jeder sein eigenes Stockwerk. Nur nicht die Älteste, Mimi, denn sie war längst verheiratet und aus der Stadt fortgezogen; und auch nicht Joseph, der Kriegsheld, denn der lebte mit seiner Frau, die Schulleiterin war, in ihrer Dienstwohnung. Aber die anderen waren alle in dem großen Haus untergebracht, und meine Urgroßmutter bewohnte als Witwe weiterhin die Beletage im ersten Stock; im Erdgeschoss lebte Auguste, der älteste Sohn, mit seiner Familie, und im zweiten Stock sowie im dritten, unter den Mansarden, wohnten Mamie und Papy mit ihren drei Kindern.

Ganz leicht kann ich mir diese Nähe nicht vorstellen; jedoch zeigt sich darin jener besondere Zusammenhalt dieser Familie, der latenten Spannungen zum Trotz schon vor dem Bankrott bestand und danach, als alle aus dem großen Haus vertrieben waren, erst recht fortbestand, aufgrund jener unsagbaren und dennoch geteilten Gefühle: nie ganz überwundener Schock, Schuld und Ohnmacht; Wut und Trauer, bis hin zur Verzweiflung – und doch auch Trotz. Der Wille zum Widerstand gegen das Schicksal.

Übrigens wird die Maklerin, die uns durch dieses Haus geführt hat, das so greifbar für all das stand, was einmal gewesen und verloren war, bemerkt haben, dass mehr im Busch war als ein Kaufinteresse. Meine Mutter sprach mit uns auf Deutsch, aber wenn die Maklerin diese Sprache nicht beherrschte, muss sie die tiefe Bewegung in der Stimme meiner Mutter dennoch verstanden haben.

Auch den Wohnort meiner anderen bretonischen Urgroßeltern habe ich zumindest von außen gesehen. Der alte Bauernhof, den sie gepachtet hatten, war schon seit langem baufällig; heute hat die Natur ihn sich beinahe gänzlich zurückgeholt. Aber die nahe Chapelle du Paradis steht noch; an dieser kleinen Kirche vorbei floss bis vor Kurzem noch der nun über ein Staubecken getrocknete Bachlauf, an dem Mémé Wasser schöpfte und rund um das Jahr ihre Wäsche wusch.

Gerne hätte ich gesehen, wo Oma in Essen gewohnt hat, wie sie aufgewachsen ist. Doch offenbar hatte sie so entschieden Abstand von ihrer Kindheit als Tochter einer geschiedenen und alleinerziehenden Mutter genommen, dass über ihre Herkunft kaum in der Familie gesprochen wurde.

Jenes gewisse Reviergefühl

Wenn bestimmte Häuser einem ein Heimatgefühl geben, ist es so auch mit gewissen Orten. Es ist ähnlich wie mit den Gebäuden, die einem besonders vertraut und anheimelnd sind, wenn man sich blind in ihnen orientieren könnte. Auch die Orte sind einem Bruchstücke von Heimat, die man gleichsam in- und auswendig kennt, wie seine Westentasche – alte Redewendungen, die jenes besondere Reviergefühl gut vermitteln.

Denn letztlich, so anders als meinem Hund geht es mir nicht, wenn ich mich an „meinen" Orten befinde. Man muss nicht auf hündische Weise sein Revier markieren, um es sich innerlich anzueignen. Man tut es zum Beispiel, indem man den Orten Namen gibt. So sind für mich vor allem die Naturorte Heimatpartikel, die ich alltäglich mit Hund durchwandere oder durchwandert habe. Für unsere Hunderunden hatten wir in der Familie eigene Namen – „am Bach", „im Tal" oder „am Hang"; „bei den Schafen" oder „bei den Schweinen". Auch als Erwachsene fand ich, mit anderen mir nahestehenden Menschen, mit denen ich manchen Hundegang teilte, ähnliche Code-Worte, die uns nicht nur die gemeinten Landstriche zu unseren Revieren machten, sondern darüber hinaus uns – uns Menschen, mit Hund – fester zusammenbanden: Eine gemeinsame Namensgebung, gebunden an ein geteiltes Ritual, schweißt zusammen.

Doch ehe von diesen nahen, mir in Freundschaft verbundenen Menschen die Rede ist, die mir gleichfalls Heimat bedeuten, verweile ich noch etwas bei meinen Orten. In beiden Heimaten gibt es welche, die ich, ohne es in den Terminplaner eintragen zu müssen, dank einer inneren Uhr gelegentlich, aber zuverlässig wiederbesuche. Zum Beispiel die folgenden beiden.

Der eine davon ist nah an meinem deutschen Zuhause gelegen. Gehe ich von meinem Fachwerkhaus los und an der Ostseite des Dorfes entlang, vorbei an Gärten und einer Obstbaumplantage, gelange ich bald in einen Wald. Wähle ich immer den Waldweg aus, der am steilsten bergab geht, führt mich das in das Mühlbachtal. Allerdings will ich zu keiner der sieben Mühlen, sondern auf eine verborgene Anhöhe des Waldes in der Nähe einer davon: Dort befindet sich die Basilika der Frau Theutbirg.

Nun gut, es sind nur noch Grundmauern da – aber damit eine Idee, welche die Phantasie beflügelt: Wenn man will, kann man ahnungsweise die Waldkirche sehen, mit ihrem ovalen Mauerabschluss nach Osten hin, da, wo der Chor sich befindet; man kann den Weg in die Kirche hineingehen, schreitend durch ihren großen, langgezogenen Vorraum. Seitlich an diesen angegliedert ist aber eine ganz enge, schmale Kammer – das ist die Wohnkammer der Frau Theutbirg.

Wer war sie, diese in einer Urkunde als „ehrenwerte" bezeichnete Frau, welche sich Theutbirg, „die Gott Geweihte", nannte? Warum zog sie, vor tausendzweihundert bis -dreihundert Jahren, das Leben in der Wildnis dem unter Menschen vor? Sie war vermögend genug gewesen, die bescheidene Basilika erbauen zu lassen, und gebildet genug, das Nötige zu tun, auf dass ihr Werk erhalten bliebe – sie hinterließ es dem Kloster Lorsch. Neben den Grundsteinen fand man Spuren davon, dass die Einsiedlerin etwas Feldbau betrieb; außerdem fanden sich bei Ausgrabungen die Reste eines kleinen Friedhofs, mit ganz einfachen Armengräbern.

Welche Rolle spielte sie, diese mysteriöse Frau Theutbirg, für diese Armen, die ihre Toten in ihrer Obhut begruben? Rätsel über Rätsel. Aber für mich geht von diesem geheimnisvollen, auch heute noch ganz ruhigen Ort – der in Wahrheit viel näher an Spuren der Menschen herangerückt ist, beziehungsweise rückten die Menschen der Waldkirche näher –, für mich geht von diesem Ort noch mehr aus: eine eigene Atmosphäre. Wenn man zwischen den Grundmauern der engen Kammer steht und lauscht der Natur um sich, lauscht dem Rauschen des Windes im hohen Laub und den Stimmen der Insekten und Vögel, dann könnte man beinahe meinen, auch etwas von der Frau Theutbirg wäre noch da.

Der andere, etwas magische Ort, den ich immer wieder gerne aufsuche, liegt ganz woanders. Es ist der dolmen von Kervoulédic, in meinem bretonischen Heimatrevier. Das Hünengrab ist etwas abseits vom Nantes-Brest-Kanal gelegen; der Wiesenweg, der zu ihm hinführt, streift an einem alten Schiefersteinbruch vorbei. Zur rechten hin steigt das Gelände steinig-wild an; zur linken fließt hinter mächtigen Eichen und durch dichtes Gestrüpp ein Wasserlauf, der sich zur nassen Jahreszeit zu einem Morast ausbreitet. Irgendwann sieht man den Baum vor sich, noch eine Eiche, schlank und hoch, die sich auf Tuchfühlung an den dolmen gesetzt hat, den sie nun – aus der Perspektive des prähistorischen dolmens erst „neuerdings" – beschirmt und beschattet. Und dennoch weiß man nicht recht, wenn man die beiden so sieht: Lehnt sich der Baum an das Hünengrab oder das Hünengrab an die Eiche? Der kleine dolmen wirkt eher bescheiden; zwei aufrecht gestellte Steinplatten und eine dritte, die Deck- oder „Tisch"-Platte, darauf. (Das bretonische Wort dol bedeutet „Tisch", während men „Stein" heißt.) Das Besondere ist allerdings, dass dieser dolmen nicht aus Granit ist, sondern aus dem lokalen Schiefer.

Ich mag es, mich auf die schieferne Tischplatte zu setzen, in den Schatten der Eiche, und von da aus den Geräuschen um mich zu lauschen, den Gedanken freien Lauf zu lassen und die Atmosphäre auch dieses, mich wie ein Magnet anziehenden Orts für mich zu genießen. In solchen Momenten bin ich ganz bei mir – in mir und an dem geliebten Ort zuhause.

Im Osten und Westen

Die Reste der Theutbirg-Basilika und der dolmen von Kervoulédic; das sind nur zwei von vielen mir teuren Orten. Orte, die zu besuchen mir ein Gefühl von Heimat und Heimatverbundenheit gibt. Dabei lassen sich weitere Lieblingsorte im Osten und Westen, bei aller Unterschiedlichkeit, dennoch wie Pendants aufeinander beziehen – ob Schlösser oder Wälder oder Gewässer.

Da ist im Westen Schloss Trévarez, im Osten Schloss Rauischholzhausen. Beide wurden nach dem Deutsch-Französischen Krieg achtzehnhundertsiebzig bis -einundsiebzig gebaut, und beide von Kriegsgewinnlern. Beide Bauwerke muten von außen prächtig und geradezu märchenhaft an, wobei sie bewusst an verschiedene historische Baustile anknüpfen - doch im Inneren waren sie hochmodern, ausgestattet mit den neuesten Heizsystemen, mit Elektrizität und fließendem Wasser. Berühmter als für ihre Interieurs wurden beide Schlösser indessen wegen ihrer Außenanlagen, weiträumigen und wundervollen Gärten.

Im wilderen Park von Rauischholzhausen gingen wir als Familie öfters spazieren, mit Oma. Mein Bruder und ich liebten es, auf dem Wildbach Zweige mit der Strömung treiben zu lassen; wir rannten mit unseren „Schiffchen" mit und versuchten, sie zu befreien, wenn sie an einem Stein oder an Pflanzen festhingen. Uns gefiel auch der entlegene, ganz stille Waldsee, ein Stausee, der vollkommen natürlich aussah und den man auf einem Pfad umrunden konnte. Er wirkte stets so geheimnisvoll, ja beinahe unheimlich, als würde im nächsten Moment das Monster von Loch Ness daraus auftauchen. Mehr in Schlossnähe war die Atmosphäre hingegen südländisch-heiter, und halb versteckte Statuen überraschten uns zwischen blühenden Sträuchern, und Bäume mit enormen Stämmen boten sich uns zum Verstecken an.

Auf Schloss Trévarez waren im Zweiten Weltkrieg die Deutschen stationiert, weswegen das Bauwerk durch britische Flieger teilweise zerbombt wurde. Erst seit den neunziger Jahren wurde es stückweise restauriert und ist zu besichtigen. Wie oft bin ich nicht dagewesen, mit dem Skizzenblock oder dem Fotoapparat in der Hand! Denn auch hier gibt es südländisch anmutende Statuen, Parkszenerien und Pflanzen, die an verschiedene Länder und Zeiten erinnern. Man kann durch den französischen und italienischen Garten bis zu einem wilden Wasserfall und dahinter zum japanischen Garten gehen; am Hang unterhalb des Schlosses ist der Park aber ganz bretonisch, mit einer dem heiligen Hubert geweihten Kapelle und kleinen Keltengräbern um sie herum.

Ob Trévarez, ob Rauischholzhausen: Beide Schlösser liegen in Wäldern, und was ich erst im Laufe meines Lebens begriff: Es ist gar nicht für jeden normal, mit so vielen Wäldern zu leben. Tatsächlich ist Hessen das waldreichste Bundesland, die Bretagne mit ihrem Argoat, dem Binnenland des Waldes, eine historisch bewaldete Gegend. Unter den hessischen Wäldern, die ich liebe, ist auch der um den Stoppelberg, von meinem Elternhaus fußläufig zu erreichen. Auf dem Stoppelberg steht ein Aussichtsturm aus der Gründerzeit; ich machte ihn gerne zum Ziel meiner Hunderunden. Wir stiegen die steilen Stufen hinauf, und während ich die Rundumaussicht genoss, genoss der jeweilige Hund die Düfte, die ihm die Winde aus der Ferne zutrieben.

Im Westen gehe ich oft in den Waldstücken in Hausnähe spazieren; aber ein besonderer bretonischer Heimatwald bleibt für mich das Huelgoat; und nicht nur, weil es für mich ein Wald mit Familiengeschichte ist, und auch nicht nur wegen des Felsenchaos', das in jedem Reiseführer steht und scharenweise Touristen anlockt. Lieber gehe ich über den gouffre, die Schlucht, den Wildbach ent-

Mamie und Papy als Teenager im Huelgoat

lang, der sich allmählich beruhigt, und vom Tal aus dorthin in den Wald hoch, wo die Ruinen der Silbermine noch stehen. Streift man daran vorbei, kann man Kilometer weit den Kanälen folgen, die einst den Hydraulikrädern der Mine das benötigte Wasser zuführten. In diesem abgelegenen Teil des Waldes ist es feierlich still; wenn man etwas hört, dann ist es das Summen der Bienen, nicht das Stimmengewirr der Touristen, die sich kaum bis hierher verirren.

Und von wegen Wasser: Zum Spazierengehen, aber auch zum Radfahren laden im Westen der Nantes-Brest-Kanal ein und im Osten die Radwege an der Lahn. Aber im Sommer verlocken noch andere Gewässer, wie die Baggerseen in Heuchelheim, wo man schwimmen kann, ohne Fuß zu haben, und dabei die mehr oder weniger geschickten Wasserskischüler der benachbarten Anlage beobachten. Allerdings ist das bretonische Pendant dazu außer Konkurrenz – das Meer ist mir unersetzbar. Es ist etwas im Geräusch der Brandung, das einen beruhigt und einem hilft, zu sich zu kommen, den Einklang mit sich und der Welt zu finden. Ist die besonders zerklüftete Nordküste mit ihren Inseln und Flutinseln

Strandleben bei Saint-Malo

und dem rosa Granit auf malerisch-wilde Art schön, der Westen mit seiner berüchtigten Pointe du Raz und der Baie des Trépassés, der Bucht der Hinübergeschiedenen, legendär atmosphärisch, verlockt der Süden mit Palmen und wärmerem Wasser. Aber egal, welche Küste, und egal zu welcher Jahreszeit: Das Meer zieht mich an, und ich vermisse es, wenn ich allzu lange nicht hinkann.

Vielleicht geht es mir nicht so unähnlich wie damals Garou, meinem so sanftem und lieben, in der Nähe des Wassers jedoch hysterischen Labradormischling. Je wilder das Wasser, desto mehr liebte er es; so war er nie glücklicher als in der Bretagne mit ihren Wildbächen und Küsten. In die Wildbäche schmiss er sich hinein und ließ sich von der Strömung mitreißen, wobei er wild bellte und nach dem schäumenden Wasser schnappte; fuhr ich mit ihm ans Meer, roch er es eine halbe Stunde vor unserer Ankunft und begann, unaufhörlich zu wimmern und zu heulen; nichts vermochte ihn zu beruhigen. Hatte ich das Auto endlich geparkt, musste ich ihn sofort herauslassen – und er schoss davon, unhaltbar. Doch wusste ich, dass das kein Problem war, er würde bald zu mir zurückkommen. Und so war es, jedes Mal wieder. Er kam zurück, beruhigt, mit tropfnassem Fell. Er musste ganz einfach „drin“ gewesen sein, dann war er wieder er selbst, dann war er glücklich.

Übrigens war gerade er, der so gut schwimmen und tauchen konnte und so viele Pendelreisen mit mir gemacht hat, auf jeglicher Ebene ein wahrer Meisterschwimmer ohne Fuß, aber dafür mit vier Pfoten. Was aber meine mir teuren Orte betrifft: Sie sind, neben den Familien- und Wohnhäusern, die Grenzsteine meiner Welt, dieser Doppelwelt aus zwei Heimaten. Und man will diese Orte teilen.

Der Meisterschwimmer

Teilen und mitteilen

Die kleinen Pferdchen

Eines Tages saßen wir mit Mamie und Papy zusammen in ihrem Wohnzimmer. Ich saß auf der Couch und blätterte in einer Zeitschrift, die mein Vater aus Deutschland mitgebracht hatte. Darin hatte ich einen Artikel mit faszinierenden Fotos entdeckt – von wilden Mustangs. Papy kam zu mir auf die Couch, schaute seinerseits auf die Bilder und fragte mich, wie man „les petits chevaux" in das Deutsche übersetze? Ich gab zurück, man sage dafür „die kleinen Pferdchen". Und Papy wiederholte das, was sich ein wenig lustig anhörte, wegen des französischen Akzents.

Irgendwann später im Leben sprach ich ihn darauf an, wie er einmal auf Deutsch „die kleinen Pferdchen" gesagt hatte, aber er konnte sich daran nicht erinnern. Für ihn war es eine flüchtige Geste der Annäherung an seine Enkelin gewesen, der Beginn eines Gesprächs, so nach der Übersetzung der petits chevaux zu fragen. Aber für mich war es viel mehr und daher unvergesslich gewesen. Mit seiner kleinen Frage hatte Papy etwas Ungeheuerliches getan: Er war aus der bretonischen Heimat mit einer Zehenspitze in meine deutsche Heimat getreten. Er hatte diese unsichtbare, doch stets vorhandene Grenze überschritten, die zwischen meinen beiden Welten verlief und die in der Regel dafür sorgte, dass es Menschen, Häuser und Orte gab, und darüber hinaus Worte und Gedanken, die auf die eine oder die andere Seite gehörten. Denn die einzigen Menschen, mit denen ich beide Welten komplett teilen konnte, waren die Mitglieder unserer deutsch-bretonischen Kernfamilie – meine Eltern und meine Geschwister.

Man kann nie alles haben. Nicht gleichzeitig. Das ist eine Grundlektion, die man lernt, beim Pendeln zwischen zwei Heimaten. Ich konnte, zum Beispiel, nie Oma und Mamie und Papy gleichzeitig haben – nicht gleichzeitig in Mémés Garten spielen und in Omas Malzimmer mit meinen Filzstiften hantieren. Das hört sich so logisch an, dass man meinen könnte, es sei unsinnig, auf diesen Sachverhalt überhaupt hinzuweisen. Ein Kind, das Großeltern in

Hamburg und München hat, wird diese auch selten gleichzeitig sehen? Richtig; aber in diesem Fall geht es nicht nur um den Kontakt zu den Großeltern im engen Sinne. Diese sind gleichsam Teile und Stellvertreter ihrer gesamten, jeweiligen Welt. Diese Welten, um die es hier geht, liegen nicht nur räumlich weit auseinander. Sie sind in allem, landschaftlich, historisch und kulturell, in ihren Sprachen und in ihren gedanklichen Konzepten, so ungemein verschieden – auch wenn man, wie mit den mir lieben Orten im Westen wie Osten geschehen, trotz allem Pendants und Parallelen findet.

Als Papy auf Deutsch „die kleinen Pferdchen" sagte, überschritt er daher eine innere Grenze. Er ließ sich auf meine zweite Heimat und damit auf einen Teil von mir ein, den er eigentlich gar nicht kannte: Papy hat mich niemals in Deutschland erlebt, nie gehört, wie ich da spreche, nie gesehen, wie ich mich dort verhalte, wie ich lebe – er hat nie gesehen, wie ich in Deutschland bin. Er hat mich nie in allen meinen Lebenskontexten zugleich wahrgenommen, und kein Wunder: Ein wenig ist man für seine zwei Welten der Mond, von dem, egal aus welcher Perspektive, immer nur eine Seite zu sehen ist, während die jeweilige Rückseite im Schatten bleibt.

Dabei will man gar nicht der Mond sein. Im Gegenteil; wenn es in mir einen Moment so großer, so unvergesslicher Freude ausgelöst hat, dass Papy „die kleinen Pferdchen" sagte, dann liegt das daran, dass man genau das eigentlich möchte: Man würde so gerne mit den Menschen, die einem etwas bedeuten, die beiden Heimaten teilen. Man möchte ihnen die andere Mondseite mitteilen – am liebsten würde man sie ihnen zeigen. Doch das heißt, sie müssten reisen; und am besten nicht nur gedanklich, sondern körperlich auch.

Verpasste Besuche

Es hat solche Reisen und Besuche gegeben, von nahen Angehörigen der einen Welt in die andere. Doch habe ich sie verpasst. Begonnen damit, dass meine Eltern noch ganz ohne mich in der Bretagne geheiratet haben. Und das sogar kirchlich, was nicht selbstredend war aufgrund ihrer verschiedenen Konfessionen. Aber mein Vater konnte eine Erlaubnis seiner evangelischen Kirche erwirken, und der katholische Geistliche in meiner Großelternstadt lebte sehr menschlich mit seiner Haushälterin zusammen, was seinen Blick auch auf seine Mitmenschen mit Empathie und Toleranz bereicherte. So heirateten meine Eltern in der Bretagne und feierten in einem Restaurant, das seit einigen Jahren geschlossen ist, als Gebäude jedoch noch existiert und an dem ich jedes Mal vorbeifahre, wenn ich an meinen Lieblingsbadestrand will. Im Übrigen ist es für mich komplett irreal, sie mir alle vereint an diesem Ort vorzustellen – die bretonischen und die deutschen Verwandten! Mir vorzustellen, dass hier, unglaublicher Weise, Mamie und Papy und Oma und Opa und all die anderen sich zeitgleich und leibhaftig begegnet sind! Schade, dass ich das verpasst habe.

Aber ich war schon auf der Welt, als Mamie und Papy uns, ein einziges Mal in ihrem und unseren Leben, im deutschen Elternhaus besucht haben. Allerdings habe ich keine Erinnerung daran, weshalb mir das Foto meiner viel zu jung aussehenden Großeltern – Papy eine deutsche Zeitung studierend, Mamie ein Baby in orangefarbenem Strampelanzug auf dem Schoß, und das im Garten meines deutschen Elternhauses – vielleicht noch unwirklicher anmutet, als die Bilder der deutsch-bretonischen Hochzeit.

Leider kann ich mich auch nicht daran erinnern, wie Gérard, der Cousin meiner Mutter, uns mit dem LKW besucht hat. Da die LKW-Fahrer früher noch nicht so gestresst und in ihrer Fahrzeit kontrolliert waren, hielt Gérard auf der Dienstreise einfach mal bei der Familie an. Heute ist die Wohnstraße meiner Eltern, eine Einbahnstraße, derart zugeparkt – allein schon von den vier dicken Autos der Nachbarfamilie von gegenüber –, dass man sich Gérards LKW am Rande des Bürgersteigs vor meinem Elternhaus stehend nicht mehr denken kann.

Auch mein Onkel Philippe ist in Deutschland gewesen. Fotos belegen, wie der ganz junge Mann sich auf dem Rasen des elterlichen Gartens sonnt – offenbar ungestört davon, dass ein halbjähriges, nur mit einem Sonnenkäppchen bekleidetes Baby auf ihm herumkrabbelt. Aber auch, wenn ich mich an diese Zeit nicht selber erinnern kann, lohnt es sich, an dieser Stelle als kleinen Exkurs eine Erinnerung Gérards und Philippes einzuflechten, da sie auf ihre Weise ein allerdings denkwürdiges Stück bretonisch-deutschen Kulturaustausch beleuchtet.

Freie Bretonen

Meine bretonische Großelternstadt ist mit dem nordhessischen Waldkappel verschwistert. Und einmal waren Gérard und Philippe, diese unzertrennlichen Cousins, die sich nahestanden wie Brüder, zusammen da, in der Partnerstadt. Sie waren sehr jung und verrückt, und es war in den freizügigen Siebzigern. So ließen die jungen Bretonen keinen Spaß aus, keine Geselligkeit, keine Feier. Sie schulten sich gründlich in der deutschen Kneipenkultur, und was Gérard bis heute perfekt auf Deutsch sagen kann, ist: „Zwei Bier, bitte." Aber er sagte es schon damals mit gallischem Hintersinn, nämlich genauso, wie Obelix stets zwei gebratene Wildschweine für sich alleine bestellt, nachdem Asterix zwei Wildschweine für sie beide geordert hat.

Das deutsche Bier war nicht der einzige Spaß, auf den Gérard und Philippe aus waren; da waren, natürlich, les filles – die Mädchen, wie übrigens in Frankreich Frauen jeglichen Alters genannt werden, wenn flirtbereite Männer von ihnen sprechen. Offenbar hatte man damals als Franzose bei den nordhessischen Mädchen einen besonderen Stein im Brett; allerdings kann das auch daran liegen, dass sich der französische Mann, wie schon einmal erwähnt, mit massiven Charme-Offensiven um das weibliche Geschlecht bemüht, ganz ohne die deutsche Zurückhaltung. Mein Onkel Philippe, gewiss eine aparte Erscheinung mit seiner Figur eines Athleten und den schwarzen Locken und grünen Augen im spitzbübisch lächelnden Gesicht, ging mit seinen verwegenen Eroberungsversuchen gar so weit, einem Bräutigam auf dem Tanzabend seiner Hochzeitsfeier die Braut abspenstig zu machen – „nur" tanzend und sie umgarnend, aber immerhin so lange, bis Gérard ihn am Arm packte und fast gewaltsam mit sich aus dem Lokal hinausriss, wo sich unter den Reihen der männlichen Hochzeitsgesellschaft massiver Ärger für die Fremdlinge anbahnte.

Philippe und Gérard hatten aber auch eine deutsche Freundin, die (soweit ich weiß, aber ganz sicher bin ich mir wiederum nicht) nichts weiter war, als eine gute Freundin; und die fuhr einmal mit den Bretonen an die nahe Grenze zwischen West- und Ostdeutschland. Der Stacheldraht, die Wachtürme, die bewaffneten Soldaten, das beeindruckte die jungen Wilden nicht, die im Gegenteil immer näher an die Grenzanlage heranrückten – und anfingen, davor herumzutanzen und dabei zu rufen: „Ihr könnt uns nichts, wir sind freie Bretonen!" Dass sie das auf Französisch ausriefen, was die Wachsoldaten der DDR wohl nicht verstanden, entschärfte die Situation nicht; als die Tanzenden vom nächsten Wachturm aus ins Visier genommen wurden, brach die deutsche Freundin in Tränen aus und beschwor sie, doch bitte aufzuhören und mit ihr zu kommen, fort aus der Gefahrenzone! Aber die freien Bretonen müssen ihr übermütiges Spiel noch eine Weile fortgeführt haben...

Was wohl den Wachsoldaten durch den Kopf gegangen ist, während sie auf die unberechenbaren Fremden zielten? – Übrigens hat niemand von der Familie, am wenigsten die Mütter der jungen Männer, jemals von dieser Geschichte erfahren.

Die Käseplatte

In der Oberstufe hatte ich eine Schulfreundin, die mit ihrer Familie in der Bretagne Urlaub gemacht hatte. Es hatte nur eine Sache gegeben, die insbesondere ihren Vater entnervt hatte, erzählte Ute: die Geschwindigkeitsbegrenzungen, an die zuweilen die Zusatzschilder mit dem Wort rappel erinnerten. „Da kriegste ja 'nen Rappel", rief Utes Vater jedes Mal aus, wenn sie eines dieser Schilder passierten; und so wurde dieser Spruch zu einem Running-Reise-Gag unter den Mitgliedern dieser Familie, die trotz allem derart begeistert von der Bretagne waren, dass sie Freunden dieses Reiseziel dringlich empfahlen. Als sich die befreundete Familie dann ihrerseits Richtung Westen aufmachte, wusste sie genau, was man ansehen und wo man essen gehen sollte; Utes Eltern hatten sie genau instruiert.

Und so kam es, dass Ute mir eines Tages lachend erzählte, was in einem der empfohlenen Restaurants geschehen war. Die deutsche Familie hatte ein viergängiges Menü bestellt, mit Käseplatte. Anders als heutzutage üblich, wurde der Käse nicht auf einem Wagen herangerollt und, nach schicklicher Auswahl von zwei bis drei, maximal vier Sorten Käse durch den jeweiligen Speisenden, stückchenweise auf einem Teller serviert. Nein; damals war die Käseplatte auf den Tisch gestellt und gleichsam alleine gelassen worden mit den daher überforderten Deutschen. Denn deren Problem war das deutsche Pflichtbewusstsein: Sie seien bereits derart satt gewesen, klagten die Freunde von Utes Familie, dass sie die Käseplatte einfach nicht mehr „geschafft" hätten.

Es wird gegessen, was auf den Tisch kommt, das hatte auch mein Vater noch als Kind so gelernt. Aber das konnten die in einer anderen Esskultur aufgewachsenen Restaurantbetreiber nicht wissen, als sie die deutschen Gäste mit der üppigen Käseplatte vor ein schwerwiegendes Problem stellten, an dem diese am Ende scheitern sollten.

Tanz in der Nacht

Dass im wilden bretonischen Westen einiges anders ablief, als in deutschen Landen, empfand Ute jedoch als so reizvoll, dass sie nach dem Abitur noch einmal in diese Richtung aufbrach, nun mit einer Cousine, einer Schulfreundin und deren Freund. Es war Sommer; wir hatten ein Treffen in der Bretagne vereinbart. So kam es, dass ich erstmals in meinem Leben meine Bretagne mit deutschen Freunden ein Stück weit teilte.

Die vier kamen also, und da sie bereits ein Küstenprogramm hatten, zog ich es vor, ihnen etwas vom Argoat zu zeigen und fuhr mit ihnen in den Huelgoat mit seinem Felsenchaos. Für den Abend aber wollte ich sie auf ein Fest-Noz mitnehmen – auf eines jener „Feste der Nacht", wie es sie gerade im Sommer in der Bretagne dauernd und vielerorts gibt; auch für den Besuchstag hatte ich die Ankündigung eines solchen Fests auf Plakaten gesehen. Es sollte in der Nähe von Mémés Dorf stattfinden, allerdings nicht im Dorfzentrum selbst, sondern in einem lieu-dit, einer nach einem Bauernhof benannten Ansiedlung von Häusern, irgendwo in der abgelegenen Wildnis.

Es war die Zeit vor digitalen Navigationsgeräten, aber das verunsicherte mich derart wenig, dass ich ahnungslos darüber, wo ich den besagten Ort finden würde, doch komplett sorglos mit meinen Gästen losfuhr – ich verließ mich darauf, um Mémés Dorf herum Hinweisschilder auf unser Fest-Noz zu finden. Und die gab es wirklich, improvisierte, aus Pappe. So gelangten wir irgendwie irgendwo an, aber da, wo wir hinwollten; es war nicht mehr als der Hof vor einem Bauernhaus, was uns als Festplatz erwartete; es roch nach Würstchen, die auf einer zum Grill umfunktionierten Blechtonne garten, Getränke gab es fraglos auch, aber die Hauptsache war: die Musik! Denn da war ein Mann, der Dudelsack spielte, und ein weiterer Musiker mit einem biniou, einem jener durchdringenden, trötenartigen Blasinstrumente, wie man sie weit durch die nächtlichen Lande hindurch hört; und trotz der natürlichen Zeitverschiebung, die die bretonischen Sommerabende gegenüber den deutschen um eine gute Stunde verlängert, senkte sich endlich eine klare Nacht über den Hof und der Tanzplatz wurde lediglich durch ein paar einfache Lampen künstlich beleuchtet.

Ich könnte nicht mehr sagen, wie viele oder wie wenige Einheimische zu dieser Musik Gavotte, An Dro, Hanter Dro oder Plinn tanzten, aber ich erinnere mich an den Tänzer, der die Reihe der sich mit federnden Schritten nach links Bewegenden und irgendwann zu einem Kreis Schließenden anführte; es war ein hagerer, älterer Mann mit aufrechter, ja stolzer Haltung, sich dessen bewusst, der Vortänzer zu sein. Es war ein ganz kleines, ganz einfaches Fest-Noz, das kleinste und einfachste und urtümlichste, an dem ich jemals teilgenommen habe; und ich kann mir rückblickend vorstellen, wie verblüfft die Bretonen über diese jungen Deutschen gewesen sein müssen, die es geschafft hatten, sich an dieses entlegene

Fleckchen im Herzen der Bretagne zu verirren, um, so gut es ihnen möglich sein sollte, Hand in Hand mit ihnen ihre Tänze zu tanzen.

Der Heimweg zu später Stunde in belebtere Regionen war dann ein weiteres Abenteuer, und meine Freunde verloren komplett die Orientierung auf diesen winzigen, nicht einmal durch Seitenstreifen markierten Landstraßen, die sich außerhalb des gelblichen Lichtes der Autoscheinwerfer schnell in der schwarzen Nacht verloren. Aber irgendwie fanden wir trotz allem zurück, und so teilen wir vielleicht – vielleicht bis heute – diese Erinnerung an eine einzigartige Begegnung in meiner anderen, bretonischen Heimat. Und wenn ich drei der vier damaligen Gäste längst aus den Augen verloren habe, verbindet mich dieses geteilte Erlebnis dennoch in der Erinnerung ein Stück weit mit ihnen. Die vierte Person aber, die nach wie vor meine „älteste" und vertrauteste Freundin ist, nämlich meine Freundin seit Teenagertagen, ist Miriam.

Zwischen den Mahlzeiten

Jahre später sollte Miriam die Bretagne noch einmal besuchen, mit mir; zwei Wochen lang, in einem warmen Oktober. Es war nicht unsere erste gemeinsame Reise, wir hatten schon einige besonders harmonische, erlebnisreiche und unvergessliche Reisen miteinander gemacht. Aber noch nie waren wir zusammen in die Bretagne gefahren. Sie sollte meine einzige deutsche Freundin sein, die Mamie und Papy kennengelernt hat und der ich viele mir teure Orte gezeigt habe, um sie mit ihr zu teilen.

Das war sehr schön, sehr kostbar und verbindend für uns. Und doch gab es einmal eine unerwartete kleine Belastungsprobe, die daher rührte, dass man nicht von Luft und Freundschaft alleine leben kann – jedenfalls nicht immer; nicht, wenn man aus konstitutionellen Gründen fünf Mahlzeiten am Tag braucht und diese einzunehmen gewohnt ist. Es war mir vor dem Besuch meiner Freundin nicht derart präsent gewesen; doch ist es so, dass es in Frankreich schwer möglich ist, mitten am Vormittag oder Nachmittag an einen warmen, deftigen Snack zu kommen. Nur in sehr großen Städten und touristischen Hochburgen, wie in der Bretagne Saint-Malo, wird auf Touristen Rücksicht genommen, die rund um die Uhr hungrig sind.

Ich erinnere mich gut an den schlimmen Tag von Miriams Leiden. Wir machten einen Ausflug in Richtung Nordküste. Zunächst hielten wir in Pontrieux und schlenderten an den alten Häusern am Fluss entlang, mit ihren historischen lavoirs, den überdachten Waschterrassen. Dann fuhren wir weiter zum Château de la Roche Jagu, jenem Schloss aus rosa Granit mit seinen weitläufigen, in Terrassen angelegten Gartenanlagen hoch oben über einer Schlaufe des Flusses Trieux, der hier schon nach Meer riecht und mit den Gezeiten seine Fließrichtung ändert. In Pontrieux war es zu früh zum Mittagessen gewesen, aber ich wusste, dass es ein Schlosscafé mit warmen Mittagssnacks gab – oder hatte gedacht, es zu wissen. Nicht bedacht hatte ich, dass es Herbst, also Nebensaison war, und so gab es in dem Café nur Kuchen.

Wir fuhren zurück nach Pontrieux – nun war es zu spät, die Restaurants und Crêperien hatten geschlossen. Meine Freundin war schier fassungslos darüber, nicht einmal eine warme Crêpe „auf die Hand" zu bekommen, aber so war es, und ich atmete auf, als wir eine Bäckerei fanden, in der es lecker aussehende Pizzastücke gab; natürlich kalt, aber die Bäckerin versprach, sie in den Ofen zu schieben. Doch offenbar war der nicht mehr warm genug; die Pizza, die sie uns reichte, war maximal lauwarm, der harte Käse wenig verlockend. Nach ein paar Happen verkündete meine Freundin tapfer, wir könnten unseren Ausflug fortsetzen, und so spazierten

wir in der appetitanregenden Meeresluft an einem weiten Strand herum, bis Miriam ganz blass um die Nase aussah. Tréguier lag fast direkt auf unserem Heimweg; Tréguier war touristisch, der Nachmittag fortgeschritten, wir fuhren hin. Doch auch hier war gegen achtzehn Uhr noch immer nichts Deftig-Warmes zu finden!

Um die Geschichte abzukürzen, ich weiß nicht, wer an diesem Tag mehr gelitten hat, die hungernde Miriam oder ich, die ich mir vorwarf, mit solcher Not nicht gerechnet und ihr nicht strategisch gegengesteuert zu haben. Vielleicht wird die Globalisierung dazu führen, dass sich der traditionelle Essensrhythmus der Franzosen aufweichen wird; aber solange das nicht der Fall ist, ist es mit Miriams Hunger wie mit der Käseplatte der dafür zu satten Freunde von Utes Familie: Was in dem einen Land selbstredend ist, ist es in dem anderen womöglich nicht; und gerade Unterschiede im Bereich der Esskulturen können Auslöser von großer Verlegenheit, ja manchmal von entschiedenem Unmut sein, ohne dass jemand persönlich schuld daran wäre.

Keine Nutella

Nun ja, Sylvie war schuld, auf ihre Weise. Sie löste Unmut aus, obwohl es leicht gewesen wäre, ihn zu vermeiden. Aber diese Geschichte spielt nicht in der Bretagne; sie spielt in meiner deutschen Elternstadt.

Sylvie ist die einzige bretonische Freundin, die mich jemals in Deutschland besucht hat. Der Anlass war ein Sommerfest, das jährliche sogenannte Europa-Fest. Meine Eltern hatten die Idee gehabt, Sylvie, eine hervorragende Crêpes-Bäckerin, zu diesem Fest einzuladen, auf dass sie am Stand der Deutsch-Französischen Gesellschaft original bretonische Crêpes zubereite. Sylvie belud also ihren uralten Kombi mit ihrem bilic und allen nötigen Zutaten, darunter massenweise bretonische Salzbutter, die mit viel Aufwand gekühlt werden musste. Dazu packte Sylvie auch, was Bretonen traditionell auf süßen Crêpes essen: Apfelkompott, Fruchtmarmeladen, Honig und Schokoladensoße. Natürlich hatte ich Sylvie im Vorfeld eindringlich erläutert, dass Deutsche Nutella lieben und unglücklich sind, wenn sie keine Crêpes mit Nutella bekommen; grummelnd und protestierend, so etwas esse man doch auf Crêpes nicht, hatte Sylvie dennoch einen großen Pott französische Nutella mitgebracht, die sie unter dem Tisch des Standes versteckte, als sie den bilic aufbaute.

Und nun begann das Fest, und der köstliche Duft der zerlassenen Salzbutter lockte bald zahlreiche Menschen an. Aber was wollten die meisten? – Crêpes mit Nutella. Und Sylvie fing an, ihnen halb auf Französisch, halb auf Englisch zu erklären, dass man in der Bretagne keine Crêpes mit Nutella esse, man nehme Schokoladensoße; ob sie das nicht probieren wollten? Manche taten es, oder sie suchten sich einen anderen Belag aus – und waren begeistert: Sie kamen zurück an den Stand, um diese Crêpes, die so anders waren als das, was sie vordem als „Crêpes" gekannt hatten, überschwänglich zu loben. Andere aber zogen störrisch die Mundwinkel nach unten und verkündeten: Keine Nutella – keine Crêpes; und ich schaute von Sylvie zu dem Nutellaglas unter dem Tisch und zu Sylvie zurück, doch diese toppte die deutsche Sturheit, indem sie mit ihrer bretonischen Sturheit zurückgab: Tant pis – dann eben nicht!

Sie hatte eben ein gewisses Sendungsbewusstsein und wollte, dass andere Menschen – buchstäblich – über den Tellerrand schauten. Als wir uns in der Bretagne kennengelernt hatten, hatte sie mir und meinem damaligen Lebensgefährten gleich mit schlitzohrigem Grinsen bigorneaux, kleine Meeresschnecken, zum Knabbern gereicht, die, auf mit Salzbutter bestrichener Baguette gegessen, sehr lecker schmecken, aber selbst meinem deutsch-bretonischen Auge etwas gewöhnungsbedürftig sind. Einmal erzählte Sylvie mir davon, wie sie eine tschechische Freundin und ihre Familie besucht hatte. Eines ihrer Gastgeschenke war eine echte Andouille de Guéméné gewesen, eine aus Innereien gefertigte Wurstspezialität. Als sie die Mutter ihrer Freundin fragte, ob sie bereits die Andouille probiert habe, verzog die abfällig den Mund und fragte auf Englisch zurück, was, die Wurst, die nach Aas gestunken habe? Die habe der Hund gekriegt. Da konnte Sylvie nicht an sich halten und verriet den Kaufpreis des Gastgeschenkes, eine Information, die für die alte Dame vermutlich unverdaulicher war, als die teure Wurst es gewesen wäre.

Sylvie selbst war ein offener, neugieriger, erlebnishungriger

Mensch. Sie interessierte sich für alles, was sie als mein Gast in Deutschland sah – die Art der Architektur, die Supermärkte, die Natur um die Stadt herum, wo wir mit dem Hund spazieren gingen. Einmal, auf dem Rückweg von einem Spaziergang, fragte Sylvie mich, ob wir eben an einem Friedhof vorbeiführen. Es war keiner, es war nur, freilich an merkwürdiger Stelle, eine Werbeausstellung von Grabsteinen durch einen Steinmetz. Ich erklärte das, und Sylvie meinte, gerade die Friedhöfe anderer Länder würden sie interessieren, sie würden auf ihre Weise so viel über die Menschen anderer Kulturen verraten. Damals ahnte ich nicht, dass meine bretonische Freundin nur wenige Jahre später, zu jung aus dem Leben gerissen, in der Gruft ihrer Familie in Nantes ruhen würde.

In der Auberge des Montagnes Noires

Manchmal gibt es aber gar keine Missverständnisse in Sachen Esskulturen und alle, egal welchen Landes, betreten und verlassen dasselbe Lokal glücklich. So war es einmal in der Auberge des Montagnes Noires. Dabei handelt es sich um ein Restaurant routier, für LKW-Fahrer. Doch man irre sich nicht: Würde man in Deutschland vielleicht ein weniger qualitätsvolles Essen in einem solchen Lokal erwarten, speist man in der bretonischen Auberge ausnehmend gut. So wird sie rege von zahlreichen Einheimischen besucht, die gar keine LKW fahren.

Auch ich war schon oft zum Essen da; einmal mit einem deutschen Freundespaar, das mit dem Wohnmobil die Bretagne bereiste und ein paar Tage Halt machte vor meinem kleinen Haus. Beide waren (und sind noch) sehr gute und freudige Esser. Und entzückt waren sie in der Auberge des Montagnes Noires allein schon von dem Büffet mit der Vielzahl ganz traditioneller Vorspeisen – hors d'œuvres, wie es sie in den schickeren Restaurants unserer Tage längst nicht mehr gibt, doch wie sie in der Kindheit meiner Mutter üblich gewesen waren: von der Piémontaise, einem französischen Kartoffelsalat, zum Reissalat mit Thunfisch und Oliven; von den pâtés, mousses, rillettes und diversen Schinken- und Wurstspezialitäten – nicht zu vergessen die berüchtigte Andouille de Guéméné – zu den Tomaten-, Karotten- und Blattsalaten und weiteren crudités; vom geräucherten Lachs zu den rosa Crevetten, und so fort.

Und davon kann man, wie von den dazu kredenzten Tafelweinen, so oft und viel nachnehmen, wie man will! Was meine deutschen Freunde genießerisch auskosteten. Dass es nach den Vorspeisen noch ein reichlich bemessenes Hauptgericht gab, dann Käse und zuletzt ein Dessert vor dem Kaffee, störte die beiden nicht.

Ich denke, sie schlugen sich wackerer als die Freunde von Utes Familie, die doch vergleichsweise kläglich vor ihrer Käseplatte kapituliert hatten. Ein weiterer Vorteil ist, wenn man sich auf diese Weise gütlich tut: Es kommt kein Hunger auf zwischen den Mahlzeiten.

Tanz in der Schwebe

Eigentlich dürfte von ihm hier gar nicht die Rede sein. Denn er ist niemals mit mir in der Bretagne gewesen. Doch hätte ich ihn dorthin mitgenommen – ich hätte ihn da gesehen. Rein optisch hätte er, der kein Bretone war, dennoch für einen durchgehen können. Nur etwas zu groß war er; aber heutzutage werden auch die Bretonen größer, wiewohl der Größendurchschnitt der Halbinselbevölkerung (wie auch der durchschnittliche Wadenumfang) immer noch unter dem deutschen liegt. Doch zurück zu ihm, dem nie mit mir in der Bretagne Gewesenen: Wäre ich mit ihm in der Auberge des Montagnes Noires essen gegangen, so wäre er niemandem aufgefallen. Wie ein Chamäleon hätte er sich seiner Umgebung angepasst, mühelos unbemerkt.

Von der Bretagne wusste er eine Menge. Musikalisch und geologisch. Dass ich mich zwischen Schiefersteinen und Quarz bewegte, sobald ich mein bretonisches Haus verließ, sah ich durch ihn mit neuen Augen. Er interessierte sich besonders für den Huelgoat – nicht wie ich, aus familiärer Verbundenheit, und auch nicht wie die Touristen, wegen des Felsenchaos', sondern wegen der Blei- und Silberminen, deren überirdische Ruinen ich von meinen Wanderungen her genau kannte. Zufällig fand ich auf einem Flohmarkt eine alte Postkarte. Sie zeigte das imposante Felsenchaos, sich auftürmende Steinkolosse, übereinander gewürfelt wie von der Hand eines Riesenkindes; ganz unten die Rivière d'Argent, der Silberfluss, in dem winzig kleine, in Tracht gewandete Frauen nicht nach Silber suchten, sondern ihre Wäsche wuschen. Die Karte war rückwärtig beschrieben; ein lange nicht mehr lebender Mensch aus Paris hatte in den zwanziger Jahren Urlaub in der Bretagne gemacht und Freunden seine amitiés geschickt, seine freundschaftlichen Grüße. Ich schrieb einen neuen Text auf das Blatt, das ich um die Karte faltete. Die Sendung sollte ihn stark berühren; es war ein Schritt zu einer besonderen Freundschaft.

Amitiés. Es gibt viele Arten von Freundschaft. Viele Arten von zwischenmenschlichen Beziehungen. Nicht für alle gibt es geeignete Bezeichnungen, passende Schubladen. In solchen Fällen helfen Adjektive, die Hauptwörter zu präzisieren: Man kann, zum Beispiel, von einem „väterlichen" Freund reden; oder etwa von „zärtlichen" Freundschaften. Aber vielleicht ist das Letztere doch eher ein in Frankreich gängiger Ausdruck, der der tendre amitié. Wie auch dem, zwischenmenschliche Beziehungen sind komplex, auch der Zusatz von Adjektiven vermag sie nur selten, wenn überhaupt, auf den Punkt zu bringen; und vielleicht muss das auch nicht sein. Man kann Situationen und Gefühle einfach erleben, ohne sie in Worte zu fassen, in Worten festhalten, geschweige denn in Worten sezieren zu wollen. Gerade das kann seinen besonderen Zauber haben, dieses Leben ganz im Hier und Jetzt, in der Empfindung, im sous-entendu – im stillschweigenden Einvernehmen darüber, dass es ein „Wir" gibt, das auf eine Weise zusammengehört, und dass das gut ist. Es ist ein köstlicher Augenblick des Schwebens, man fühlt sich leicht, schwerelos, man wird getragen von dem Glück dieser Begegnung, und eigentlich wartet man nur darauf, komplett abzuheben.

In diesem Zustand geschah einmal etwas sehr Schönes, das mit der Bretagne zu tun hatte. Er komponierte eine Gavotte. Er sagte nicht ausdrücklich, dass er es für mich getan hätte, aber sie war inspiriert von dem, was zwischen uns war, auch darin waren wir uns stillschweigend einig. Es gab weitere schöne Momente. Doch die Schwebe ist ein Zustand, den man nicht ewig halten kann. Man nenne es Schwerkraft oder Gebundenheit an gewisse Realitäten – irgendwann holt einen das wieder ein. Noch aufgeladen von dem beschwingenden Hochgefühl, kann man eine Weile sich im Weiterschweben halten. Doch unvermerkt wird es mühsam, und dann schleichen sich einem Zweifel ein und man fragt sich, wie lange es noch so gehen kann, warum es nicht nach oben weitergeht, oder ist man bereits im Sinken begriffen? Und wenn man fällt, tut es weh.

Als ich die Gavotte anhörte, die er damals schrieb, da fühlte ich mich für einen flüchtigen Moment ganz in ihm zuhause. Aber vielleicht war es nur die Türschwelle, auf der ich stand, und sachte verschloss sich die Tür wieder, ehe ich mich im Hausinneren wirklich willkommen gefühlt hätte. Eine Geschichte, zu Ende, bevor sie richtig begann. Die Bretagne, meine Bretagne, wird er wohl niemals kennenlernen – ich sie nicht mit ihm teilen. Aber seine Gavotte ist und bleibt schön. Eine Erinnerung an einen Tanz in der Schwebe.

Beschwingte Tänzerinnen (Foto: Josiane Hoefer-Lézénès)

Das bin ich – da komme ich her

Warum dieses Bedürfnis danach, auch die zweite Heimat mit Menschen, die einem etwas bedeuten, zu teilen? Wenn ich über diese Frage nachdenke, komme ich zunächst auf Mario Praz, und damit auf die für mich schönste Aktion meiner Arbeitszeit an der Uni.

Das Museum für Angewandte Kunst Frankfurt bereitete eine Ausstellung vor, zum Thema: Der Souvenir. Jawohl, „der", nicht „das": Der deutschen Ohren ungewohnte Artikel sollte ein Stolperstein sein und den Namen der Ausstellung zum Hingucker machen. (Grammatikalisch ist le souvenir auf Französisch de facto männlich.) Unter den Wissenschaftlern, welche die Ausstellung mitkuratierten, waren auch Mitarbeiter des Sonderforschungsbereiches Erinnerungskulturen meiner Uni, und darunter ich. So gestalteten zwei Kolleginnen mit meinem Professor einen Saal des Museums zum Thema des Andenkens seit der Empfindsamkeit aus; da aber das Erinnerungsstück stets einen Ort braucht, an dem es aufbewahrt und manchmal versteckt oder im Gegenteil zur Schau gestellt wird, stellte ich den ersten Theoretiker dieses intimen Wohnraumes vor, besagten Mario Praz. Ihm war die Rotunde des Museums gewidmet, ein schwalbennestartig an das Treppenhaus angefügter Bereich, rundum mit gläsernen Wänden; dieser Glasraum wurde nun zu einer Rauminstallation, einem begehbaren Kunstwerk.

In diesem Raum-Kunstwerk sollte es dem Museumsbesucher erlebbar werden – und das heißt, begehbar, sicht- und begreifbar –, was ein Interieur ist, was es ausmacht. Für Praz ist es der Rückzugsraum des modernen, seiner Intimsphäre bedürfenden Menschen, und damit ein „Schneckenhaus seiner Seele". Der Mensch kann sich, Schutz und Ruhe suchend, in die eigenen vier Wände zurückziehen, in denen er sich sicher und geborgen fühlt, weil er sie gleichsam aus sich selbst hervorgebracht hat: Es sind seine Gebrauchsgegenstände, aber auch seine für ihn schönen oder emotional wertvollen Dinge, mit denen er sich in seiner Wohnung umgibt. Deshalb wird seine Wohnung für ihn so anheimelnd; sie wird gleichsam ein „Spiegelbild seiner Seele", und das immer: Sogar, wer sein Interieur nicht absichtlich zu einem solchen Seelenspiegel-Raum ausgestalte, tue es ungewollt trotzdem, so Mario Praz. Denn angenommen, jemand wäre unordentlich und ohne jeglichen Willen, seinen Wohnraum schön oder persönlich einzurichten; dann würde eben das unordentliche und unpersönlich wirkende Zimmer genau das über seinen Bewohner verraten. Egal, ob jemand sein Interieur bewusst ausgestaltet oder nur zufällige Wohn- und Lebensspuren darin hinterlässt: Jeder Innenraum ist also verräterisch als hervorgestülptes Innenbild seines Bewohners.

Und so kommt es, dass gegenseitige Besuche für eine zwischenmenschliche Beziehung bedeutsam sind. Denn jeder Besuch, und vor allem jeder erste Besuch verändert etwas zwischen mir und der Person, die ich besuche: Das Betreten des Wohnraumes dieses Menschen gewährt mir Einblicke in ihn, ich komme ihm näher – egal, ob es mir gefällt, was ich hinter der Türschwelle vorfinde, oder nicht. Diese Frage des Gefallens kann Konsequenzen auf die Zukunft haben, darauf, ob ich den Besuch wiederholen und die Bekanntschaft vertiefen möchte; aber in dem Moment des aktuellen Besuchs werde ich dem Besuchten innerlich näher rücken, es geschieht, ob ich es will oder nicht.

Umgekehrt weiß jeder Mensch intuitiv, dass dem so ist. Dass man folglich nicht jedweden Bekannten zu sich einladen würde. Eine solche Einladung bedeutet immer einen symbolischen Schritt auf jemanden zu, oder genauer gesagt, eine Öffnung diesem Menschen gegenüber. Denn nicht nur in seine Wohnung oder sein Haus, sondern darüber in das eigene Leben lässt man den Eingeladenen ein Stück weit eintreten.

Besuche bringen Menschen einander näher; und wenn Praz das in Bezug auf den Wohnraum erkannte, beschreibt die englische Autorin Mrs. Gaskell das mit Blick auf die Heimatregionen. In ihrem Roman North and South von achtzehnhundertfünfundfünfzig wird die junge Protagonistin Margret Hale aus dem lieblichen Süden Englands entwurzelt, um mit ihren Eltern im rauen und industriellen Norden zu leben. Aber es geht nicht nur um den Kontrast zwischen Norden und Süden; es ist eine Liebesgeschichte zwischen zwei Menschen, die sich zu Beginn ihrer Bekanntschaft zutiefst missverstehen, wo sie so unterschiedlich und gleichsam in zwei Welten Großbritanniens aufgewachsen sind. Und es dauert lange, quälend lange, bis sie sich innerlich trotz allem finden; damit das aber geschehen kann, muss John Thornton, der unglücklich Liebende, zuerst in den Süden Englands reisen, nach Helstone, wo Margret herkommt; erst als er das Dorf, die umgebende Natur und Margrets altes Wohnhaus erkundet, diese alte Heimat der Geliebten, die er nur andeutungsweise aus ihren Worten gekannt hat – erst da vermag er tiefer zu begreifen, wer Margret ist und wie sie zu der Frau geworden ist, die er liebt. In dem Moment, in dem er ihre Heimat besucht, versteht er sie ganz. – Und nur weil John Thornton Margret Hale nun ganz versteht, können die beiden am Ende der Geschichte zueinander finden; und erst darüber wird Margret in John Thornton ihre neue Heimat finden, dann auch mit ihm im Norden.

Diese Erkenntnis, dass nicht nur der Besuch des Wohnraums des anderen, sondern auch der Besuch seiner Heimat nötig sein kann, will man ihn ganz verstehen, sich ihm ganz innerlich annähern, erklärt auch das umgekehrte Phänomen: dass jemand, um einem anderen Menschen näherzukommen, ihn in die eigenen vier Wände einlädt – oder ihn einlädt in die eigene Heimat, um diese Heimat mit ihm zu teilen. Sollte das aber unmöglich sein, versucht man sie zumindest in Worten mitzuteilen.

So wie in einem anderen Buch der tiefen Einsichten, Irène Némirovskys Suite française. In diesem Romanfragment, das als Manuskript seine Verfasserin nach ihrer Deportation nach Auschwitz überlebte, geht es um eine verbotene Liebesgeschichte zwischen einer jungen Französin, deren Mann als Kriegsgefangener in Deutschland ist, und einem deutschen Offizier, der als Besatzer in ihrem Haus wohnt. Es ist die Musik, die ihnen über alle Abgründe hinweg eine erste Brücke bildet; und dann beginnen sie, miteinander zu reden. Wenn sie nicht vielsagend schweigen. Aber worüber reden sie? Némirovsky formuliert es so:

Nicht ein Geständnis, nicht ein Kuss, das Schweigen... dann fieberhafte und leidenschaftliche Gespräche, in denen sie über ihre jeweiligen Länder sprachen, über ihre Familien, über Musik, Bücher... Dieses merkwürdige Glück, das sie verspürten... diese Hast, sich gegenseitig ihre Herzen zu enthüllen... eine Hast der Liebenden, die bereits eine Hingabe ist, die erste, die Hingabe der Seele vor der des Körpers. Lerne mich kennen, sieh mich an. So bin ich. So habe ich ge-

lebt, das ist es, was ich liebe. Und du? und du, mein geliebter Mensch? Aber bis hierher, kein Wort der Liebe. Wozu auch? Solche Worte sind unnötig, wenn die Stimmen sich verändern, wenn die Lippen beben, wenn die langen Phasen des Schweigens sich herabsenken...

Es wird nicht weitergehen. Der Deutsche und die Französin kommen nicht zusammen – nicht mehr, als sie es bis zu diesem Punkt sind, den sie erreichten, indem sie sich preisgaben, wer sie innerlich waren – was sie liebten, und wo sie herkamen. Nicht zufällig sprechen sie hastig, fast fieberhaft über das, was sie verbindet – Musik und Bücher; aber eben auch über das, was sie trennt – ihre jeweiligen Heimaten und Familien. Und ist nicht dieses Erklären seiner selbst über die Herkunft, die Familie und Heimat, besonders notwendig, damit der andere einen trotz allem versteht?

Irène Némirovsky hatte selbst ihre erste Heimat verloren. Nach der russischen Revolution war sie nach Frankreich geflohen und lebte dort im Exil. Vielleicht war ihre tiefere Heimat schon immer das Schreiben gewesen, die Welten, die sie sich selber erschuf; doch so oder so, sie kannte sich aus mit der Bedeutung von Heimat. Und sie wusste um die Bedeutung davon, die Heimat einem geliebten Menschen mitteilen zu wollen – gedanklich mitteilen, wenn das körperliche, das erlebende Teilen unmöglich ist.

Denn man will ganz vom Anderen wahrgenommen werden. Ganz, auch wenn man nicht mehr in der verlorenen Heimat lebt, die einen geprägt hat. Man will auch dann ganz wahrgenommen werden, wenn man zwischen zwei Heimaten lebt. Auch dann will man als der Mensch wahrgenommen werden, der man innerlich ist, und das heißt: als ein Mensch mit einem inneren Riss oder einem Spagat, ich meine das innere Pendeln zwischen den beiden Kulturen und Ländern, in denen man nie gleichzeitig sein kann. Weshalb man für die einem nahestehenden Menschen im einen oder im anderen Land immer ein wenig der Mond ist, mit einer sichtbaren und einer beschatteten Seite. Aber gerade das generiert das Bedürfnis – das Bedürfnis danach, es trotzdem zu versuchen und mit ausgewählten Menschen die beide Heimaten zu teilen, die einen prägten und zu der Person machten, die man ist.

Aber das ist schwierig. Gerade in unserer heutigen Welt der Individualisten, denen es schwerfällt, sich einem anderen vollkommen hinzugeben, sich auf ihn ganz oder gar lebenslang einzulassen, wie es in der Vergangenheit noch eher der Fall war – nicht, weil die Menschen früher liebevoller oder besser gewesen wären, sondern weil sie weniger frei waren, mehr in hergebrachten Konventionen, Sitten und Rollenbildern verhaftet. Ich sehe es mit Blick auf meine eigene Familie. Die Bande meiner Geschwister zu ihrer bretonischen Heimat sind loser geworden. Innerlich hängen sie schon noch daran; doch in den Familien, die sie gegründet haben, existieren mindestens drei Herkunftsländer, und die Menschen, die meine Geschwister lieben, sind nicht begeistert genug vom bretonischen Argoat, um ausgerechnet diese Region im regelmäßigen Pendeln dahin mit ihnen zu teilen. Und auch ich selbst habe, trotz optimistischer Versuche, noch keinen Menschen gefunden, der auf lange Sicht dazu bereit gewesen wäre, mit mir wiederholt und für Wochen am Stück mein bretonisches Minihaus zu bewohnen.

Für meine Eltern war das offenbar anders und einfacher. Zwar war mein Vater als Schüler zu Gast in einer provenzalischen Familie gewesen, und das hatte ihn überhaupt so frankophil gemacht; aber als seine Liebe zu meiner Mutter ihn in den wilden bretonischen Westen führte, war es für ihn selbstredend, diese Heimat seiner Frau zu seiner zweiten Heimat zu machen. So ist mein Vater kein reiner Deutscher mehr, mit den Jahrzehnten ist er ein Deutsch-Bretone geworden; während meine Mutter sich nach der langen Zeit mit Erstwohnsitz in Deutschland sogar den Deutschen näher fühlt – für die sie, freilich, stets „die Französin“ bleiben wird.

So wie mein Vater für die Bretonen „der Deutsche“.

Von Nummernschildern

Damit schließt sich ein Kreis und man ist wieder bei den Fragen danach, wie einen die anderen sehen und wie man sich selber sieht; wobei die Antwort auf beide Fragen die ist, dass gerade bei Menschen, die zwischen zwei Kulturkreisen leben, die Fremdsicht und die Sicht auf sich selbst kaum deckungsgleich sein können.

Bedenke ich es recht, mag sogar meine Mutter, die gebürtige Bretonin, im Dorf ihres bretonischen Landhauses unter die Kategorie einer „Deutschen“ subsummiert worden sein; und zwar wegen der Nummernschilder. Die Autos, mit denen meine Eltern zwischen ihren beiden Welten pendelten, mochten mit den Jahrzehnten wechseln – die Nummernschilder blieben durchweg deutsch. Und wenn meine Eltern inzwischen, nach über vierzig Jahren Zweitresidenz, den Eindruck haben, allmählich von den Nachbarn akzeptiert und integriert worden zu sein, werden sie vermutlich auch weiterhin für diese Nachbarn „die Deutschen“ bleiben. Denn allein schon das deutsche Nummernschild wirkt wie ein Stempel, der die Zuordnung in eine Schublade erleichtert; ebenso wie die Départementnummer rechts auf den französischen Autokennzeichen den jeweiligen Einheimischen eines Départements auf einen Blick zeigt: das ist einer von hier, von uns, oder eben nicht.

Einmal hatte ich in Deutschland Besuch von meiner Freundin Daniela und ihrem Cousin Daniel (nein, ich glaube nicht, dass „Daniela“ und „Daniel“ Familiennamen wie „Gerhardt“ in meiner deutschen Familie sind). Die beiden fragten mich, ob man es mir in der Bretagne anmerken würde, dass ich auch Deutsche sei – ich spräche doch beide Sprachen? Schon, gab ich zurück; aber ich hätte das falsche Nummernschild. Und ich erzählte den beiden davon, wie ich eines Tages zu meinem Auto ging, das vor dem Garten meines Bruchsteinhäuschens parkte. Da hielt ein anderer Wagen dahinter. Es stieg aus der einstige Bürgermeister des Dorfes, ein Mann, der die Neigung hat, sich wohlwollend, jedoch durchaus übergriffig in die Angelegenheiten anderer einzumischen. Er begrüßte mich – und beschwerte sich gleich über mein Nummernschild. Warum? Es endet auf die Ziffernfolge „29“. So wie die Kennzeichnen der Region Finistère, dem französischen Département 29. Beim Vorbeifahren habe er wirklich geglaubt, es würde ein bretonisches Auto vor meinem Haus stehen, lachte der Mann, aber mit leichtem Vorwurf; als wäre es ein Betrug meinerseits gewesen.

Von Freunden und Leuchttürmen

Daniela, Daniel und ich, wir lachten über die Geschichte mit meinem trügerischen Nummernschild – ein Lachen mit leisem Erstaunen darin, und mit einem geteilten Sinn für die kuriosen Szenen des Lebens. Ein Lachen unter Freunden. Es gibt nicht viele Menschen, die für mich Freunde sind; Menschen, auf die ich bedingungslos zählen, denen ich ganz vertrauen und mich bei Bedarf anvertrauen kann. Teilen und mitteilen – nur eine Hand voll Menschen kämen für mich dafür in Frage; auch wenn ich zahlreiche Bekannte habe, die mich mögen, ohne mich freilich in der Tiefe zu kennen, geschweige denn zu verstehen. Doch wenn ich mich auf die Reise mache, egal, in welche Richtung, dann sind es nicht die netten Bekannten, auf die sich meine Wiedersehensvorfreude richtet; nicht diese Bekannten verwurzeln mich auf beiden Seiten, sondern, nebst den Familienmitgliedern und geliebten Häusern und Orten, auch diese Hand voll echter Freunde.

Meine Mutter klagte, als ich ein Teenager war, darüber, dass es schwer für sie sei, in Deutschland Freunde zu finden. Ich konnte das nicht nachvollziehen, gab ihr mit dem unantastbaren Optimismus der Jugend zurück, man könne überall Freunde finden. Aber später im Leben unterhielt ich mich mit meiner deutschen Cousine Wiebke, die in Paris lebt, und sie gab zu, es sei nicht einfach für sie, französische Freunde zu finden – allein der Humor sei in Frankreich anders, und viele Denkweisen. Was Wiebke ausdrücken wollte, wie meine Mutter Jahre zuvor, ist: Es fehlt der kleinste gemeinsame Nenner. Begegnen sich zwei Menschen derselben Kultur, gibt es, ganz unterschwellig und ohne, dass man darüber nachdenken würde, immer eine gemeinsame Basis von Erlebtem und Erfahrenem, eben eine gemeinsame Prägung durch dieselbe Kultur. Und ist man noch so unterschiedlich aufgewachsen – irgendein zumindest kleinster gemeinsamer Nenner ist da, und damit eine erste Verständnisgrundlage.

Begegnen sich jedoch zwei Menschen unterschiedlicher Kulturen, fehlt diese niederschwellige Basis. Und man muss gleich zu dem Tieferen springen, das einen verbindet – wie im Falle der unglücklich Liebenden Némirovskys die geteilte Leidenschaft für Musik und Bücher, eine gewisse Feinfühlig- und Feinsinnigkeit, welche die kriegsbedingt verschärfte Kluft zwischen dem Deutschen und der Französin der frühen neunzehnhundertvierziger Jahre dennoch überbrückte. Eine „Seelenverwandtschaft", hätten die deutschen Romantiker gesagt; ein Wort, für das es übrigens im Französischen keine exakte Übersetzung gibt (was Némirovsky und andere nicht daran hinderte, das Phänomen zu erleben und zu beschreiben).

Findet man aber solche Menschen für sich, werden sie einem Wurzeln. Sie verankern einen in ihrer Nähe – sie werden ein Stück der eigenen Heimat. Und das ist gerade für die, die zwischen zwei Kulturen sind und ohne Fuß zwischen zwei Heimaten herumschwimmen, wichtig: Gerade diese freien Schwimmer suchen nach Wurzeln, um der latenten Haltlosigkeit des Lebens im Pendelzustand zu widerstehen.

Die Familie, die teuren Häuser und Orte, aber eben auch diese Menschen, die einem zutiefst etwas bedeuten: Das sind die Leuchttürme, die einem die Richtung weisen und einem helfen, schwimmend nicht abzudriften in die Orientierungslosigkeit.

Entre dos tierras

Aber wer einen am meisten versteht, das ist die alte Kernfamilie. Meine Eltern und meine Geschwister. Wie in jeder Familie, mag es auch mal Konflikte geben, und mit dem Erwachsenwerden drifteten meine Geschwister und ich von unseren Elternhäusern fort sowie auch naturgemäß auseinander. Doch das ändert nichts daran, dass die Bande unserer deutsch-bretonischen Kernzelle zu stark sind, um, sogar strapaziert, ganz zu zerreißen. Die Mitglieder dieser Kernfamilie: Das sind die Seelenverwandten mit dem kleinsten gemeinsamen Nenner.

Ich glaube, am nächsten waren wir uns auf Reisen. Auf Reisen, weil wir da am meisten zusammen waren – im Berufs- und Schulalltag verbrachten wir weit weniger Zeit miteinander. Doch auf Reisen waren wir ganz unter uns, haben uns auch mal in die Haare gekriegt, aber unsere Gesellschaft im Grunde genossen. Was haben wir für einen Spaß gehabt, als wir mit fünf Menschen und zwei großen Hündinnen in entsprechend ausufernden Fahrzeugen gereist sind! Und eine Situation, die für mich besonders bezeichnend ist und im Rückblick geradezu sinnbildlich stehen kann für das, was wir uns waren – für das, was wir uns im Kern nach wie vor sind –, ist diese.

Auf einer Sommerreise durch Frankreich hielten wir irgendwo fern der großen Straßen an, zum Trinken und Beinevertreten. Ein Schulfreund hatte mir eine CD geschenkt, eine Single-CD (ein Ding, von dem heutige Teenager längst nicht mehr wissen, was das überhaupt einmal war). Das Lied auf der CD gefiel mir, es war rockig und sein Text sprach mich an. Ich legte die CD ein, während das Auto mit offenen Türen zum Durchlüften stand. Und als der Sound zu uns nach draußen pulsierte, fingen wir alle an, darauf zu tanzen – alle mit Ausnahme der Hündinnen, zugegeben. Die sahen uns zu. Und so tanzten wir, inmitten irgendeines sommerlichen Reise-Niemandslands, auf die bizarrerweise so passenden Worte der spanischen Band Heroes del silencio:

„Entre dos tierras estás..."

„Zwischen zwei Welten bist du."

VI.

Ausklang oder Je ne regrette rien

Die Welt der Wörter

Schwimmen ohne Fuß – du schwimmst und schwimmst und schwimmst und hast vielleicht die Kraft für noch einmal so viel; da steigen plötzlich aus der dunkelsten Tiefe des Wassers Dinge hoch, Gedanken, Gefühle; du hattest gemeint, sie längst hinter dir gelassen zu haben, aber jetzt sind sie da, erstaunlich intakt im intensiven Licht.

So kann es im Leben gehen – und beim Schreiben.

Oft sind es innerlich unbeheimatete Menschen, die im Schreiben ihr Zuhause suchen und finden. Auch für mich ist es so, und nicht nur die Familie, bestimmte Häuser und Orte sowie echte Freunde sind mir meine Heimatsplitter oder Leuchttürme im Leben; meine tragbare Heimat oder der Rettungsring, den ich beim Pendelschwimmen überall hin mitnehmen kann, ist meine Welt der Worte, der gelesenen und der geschriebenen. Eine Welt der Worte, die sich in Unterströmungen aus zwei Sprachen speist. In dieser Welt fühle ich mich stets wie ein Fisch im Wasser. (Und wehe, der Fisch soll dieses Wasser verlassen! Ohne Wasser, kein Fisch.)

Licht und Schatten – Schatten und Licht

Bei mehrsprachig aufgewachsenen Kindern sollen Bereiche im Gehirn vernetzt sein, die ihnen das Lernen von Sprachen erleichtert. Spontan muss ich an meinen Bruder denken, von dem ich nicht mehr weiß, wie viele Sprachen er mittlerweile gelernt hat. (Er würde das leugnen; er könne sie nur lesen, würde er sagen.) Aber dieses Interesse daran und die Leichtigkeit dabei, in den eigenen oder in neuen Sprachen die Worte zu finden, sehe ich nicht nur an meinem Bruder oder auch an meiner Schwester; ich sehe sie ebenso an meinem jüngsten Neffen, der mit seinen acht Jahren munter zwischen Deutsch und Französisch „herumswitcht", während sein Cousin und seine Cousine, zehn und zwölf, nebst Deutsch ein Arabisch sprechen, dessen Qualität ich allerdings nicht beurteilen kann; diese Sprache habe ich mir selbst nicht angeeignet. Aber vielleicht verlockten, und verlocken mich lebenslang die besagten Vernetzungen im Gehirn zum Schreiben?

Es ist ein Privileg, mit zwei Sprachen aufgewachsen zu sein. Es ist schön, zwei Länder und Kulturen zu kennen. Es ist wertvoll, gedanklich darin trainiert zu sein, die Perspektive zu wechseln, Dinge nie nur auf ein und dieselbe Weise zu sehen. Und wenn ich anderen Menschen von meinen zwei Herkünften erzähle, reagieren sie stets positiv und sehen es als eine Bereicherung an, zwei Sprachen sicher zu beherrschen. Denn das ist es, woran sie sogleich denken: an die Fähigkeit, zwei Sprachen zu sprechen. Was sie jedoch neben der Sonnenseite nicht sofort sehen, ist die Schattenseite dieses Lebens zwischen zwei Kulturen, weshalb vielleicht gerade sie der Mitteilung bedarf: diese Schattenseite, die sich daraus ergibt, dass ein Spagat zwischen entfernt liegenden Wurzeln auch anstrengend ist, das Pendeln dazwischen Befreiung, aber zugleich eine latente Ortslosigkeit bedeutet.

Allerdings vermute ich, dass es im Grunde vielen Menschen so geht, und nicht nur denen mit Migrationshintergrund. Unsere Welt verändert sich derart rasant, und so vieles ist darin nebeneinander oder alternativ zuhause, sogar in Sachen Wahrheiten – da mag sich mancher mehr oder weniger unbeheimatet fühlen, sich in dieser ankerlos gewordenen Welt zu verlieren drohen. Vielleicht entspricht es geradezu unserem Zeitgeist, sich als Schwimmer ohne

Fuß zu erleben? Als jemand, der sich seine eigenen Leuchttürme selbst suchen muss? Womöglich sind wir heutigen Menschen alle mehr oder weniger vogelfrei; mit sämtlichen Vor- und Nachteilen.

Die nächste Reise

Bald steht meine nächste Reise an, in die andere, die westliche Heimat. Ich wünschte mir, das Fahren wäre nicht ganz so lang, aber ich weiß, einmal mehr werde ich nach einer Phase der wachsenden Ermüdung auf einen Schlag wacher werden. Das liegt an einem Zauberwort, dem Namen einer Ausfahrt des Autobahnringes um Caen: Porte de Bretagne. Von hier aus hat man noch drei Stunden reisen vor sich; aber dennoch, kaum hat man diese Tür zur Bretagne passiert, wird einem der Mont-Saint-Michel angezeigt, jener im Meer sichtbare Grenzstein zwischen Normandie und Bretagne; und dann dauert es nicht mehr so lange und seine Silhouette taucht wirklich vor einem auf, zur rechten Seite hin, in seiner weiten Bucht; pfeilspitz in die Luft zielt der Kirchturm des Klosters, das trotzig auf seiner Flutinsel thront. Ab da rollt mein altes Auto ganz wie von selbst, als wüsste es wie seine Fahrerin, wie im Schlaf, wohin es sich hinziehen lassen muss, um mühelos anzukommen.

Bald ist es so weit; die auch im Sommer grüne Natur erwartet mich in diesem Land der kargen Heide, aber auch der unzähligen Quellen, der Wälder mit ihren Wildbächen und Moosen und Flechten, den Farnen und Felsen und dem unbändigen Efeu überall; dieses Land mit der derart zerklüfteten Küste, dass sie, würde man sie wie einen Faden in volle Länge ausziehen, für zwei Halbinseln derselben Größe ausreichen würde.

Ich freue mich. Ich freue mich auf so vieles: auf meinen Krümel Welt, mein kleines Haus; auf meine Hand voll Menschen. Auf alle Orte, die ich durchstreifen und wiederentdecken werde, und alle, die noch unentdeckt von mir sind. Und ich freue mich auf das Meer. Es wird kalt sein, frisch zumindest; aber einmal eingetaucht, werde ich wieder getragen werden auf seinen schaukelnden Wellen, wegen des Salzgehalts, wie mein Vater mir vor langer Zeit einmal erklärte und wie ich aus eigener Erfahrung mit Sicherheit weiß.

Wie ist es, Deutsche und Französin zu sein – pardon, Deutsche und Bretonin?

Um es mit Edith Piaf zu sagen, weil ein Text leider nicht singen kann:

Je ne regrette rien.

Ich bereue nichts.

Ausgewählte Bilder in Farbe

Morgenstimmung über dem Argoat
(im Text S. 11)

Felseninsel im Meer
(im Text S. 43)

Der Hafen von Camaret (Foto: Clelia Hoefer)
(im Text S. 43)

Der Nantes-Brest-Kanal
(im Text S. 76)

Kirche und Friedhof von Locarn
(im Text S. 69)

Heide in den Monts D'Arée
(im Text S. 80)

Bewegte See
(im Text S. 113)

Hunderunde am Meer
(im Text S. 124)

Der Dolmen von Kervoulédic
(im Text S. 160)

Schloss Trévarez
(im Text S. 162)

Der Meisterschwimmer
(im Text S. 166)

Miriam bei Saint Malo
(im Text S. 175)

Leuchtturm vor der Insel Ouessant
(im Text S. 189)

Felsentor an der Küste von Crozon
(im Text S. 191)

In der Altstadt von Vannes
(im Text S. 192)

Abendstimmung über Crozon (Foto: Clelia Hoefer)

Weitere Bücher der Autorin

IM WESTEN - GEGEN DEN STROM

Autor: Natascha N. Hoefer
ISBN 978-3-88778-614-4
336 Seiten
Format: 14 x 20 cm
1. Auflage / Hardcover

WOANDERS - AM ENDE DER WELT

Autor: Natascha N. Hoefer
ISBN 978-3-88778-556-7
523 Seiten
Format: 14 x 20 cm
2. verbesserte Auflage / Hardcover

Weitere Bücher des Verlages

KAUM ZU GLAUBEN
ERDICHTETES
UND ERDACHTES

Autor: Hertha Gerlinger
ISBN 978-3-88778-624-3
112 Seiten
Format: 21 x 21 cm
1. Auflage / Hardcover

**AUF VIELEN
STRAßEN
DIESER WELT**

Autor: Hans Bollinger
ISBN 978-3-88778-608-3
288 Seiten
Format: 17,5 x 24,5 cm
1. Auflage / Hardcover

RÖMISCHE GESCHICHTEN

Autor: Ulrich von Dobschütz

ISBN 978-3-88778-610-6

136 Seiten

Format: 12,5 x 20,5 cm

1. Auflage / Softcover

JAMES SIMON
BERLINS GRÖẞTER KUNSTMÄZEN

Autor: Catarina Schmidt Arcangeli

ISBN 978-3-88778-603-8

200 Seiten

Format: 17 x 24 cm

1.Auflage / Hardcover

www.spurbuch.de